Helmut Ottenjann

Lebensbilder aus dem ländlichen Biedermeier

Zum Gedenken an

Caspar Dilly

„Mahler und Sielhouetteur“

Helmut Ottenjann

Lebensbilder aus dem ländlichen Biedermeier

Sonntagskleidung auf dem Lande

Die Scherenschnitte des Silhouetteurs Dilly aus dem nordwestlichen Niedersachsen

Gerstenberg Verlag

Ein Band aus der Reihe „Historische Alltagskultur in Niedersachsen“
herausgegeben von Helmut Ottenjann

Gefördert mit Mitteln der
Bremer Landesbank Kreditanstalt Oldenburg

1. Auflage 1984

Gestaltung: Klaus Beilstein, Oldenburg

Lithos: OKA Reproduktionsbetrieb, Osnabrück

Gesamtherstellung: Rasch, Bramsche

ISBN 3-8067-2010-X

Vorwort

„Kloppenburg, da ißt (ist) eine solche Dragt (Tracht), die bey Münster gantz wirdt veracht." Der Wahrheitsgehalt dieses stark ironisierenden Spruches aus der Mitte des 17. Jahrhunderts ist bei dem derzeit mangelhaften Stand historischer Kleidungsforschung in Nordwestdeutschland nicht zu überprüfen; auch ist die Frage nicht eindeutig zu beantworten, ob man in Cloppenburg und Umgebung zu jener Zeit überhaupt eine „Tracht", eine „regionalgeprägte Sozialgruppenkleidung" getragen hat oder sich „nur" zeitgemäß kleidete.
Eindeutige Antworten zum Thema „Tracht" können aber für die Region Cloppenburg sowie andere Regionen des nordwestlichen Niedersachsen zur Zeit des Empire (1790–1815) und des Biedermeier (1815–1848) durch die vorliegende Publikation gegeben werden. Ein Vergleich zwischen dem Bekleidungswesen ländlicher Bevölkerungsschichten des westfälischen und des oldenburgischen Münsterlandes erlaubt sogar die überraschende Feststellung, daß beispielsweise die ländliche Oberschicht in und um Cloppenburg (Teil des Oldenburger Münsterlandes) in der Zeit um 1815 den zeittypischen Kleiderstil des Empire trug, wohingegen sich dieselbe Bevölkerungsschicht im westfälischen Münsterland vorwiegend noch nach der Mode des Ancien Régime kleidete.
Dieses „Dilly-Bilderbuch" kann erstmalig für viele Regionen Nordwestniedersachsens eine klare Auskunft darüber geben, ob und wann es hie und da zur Ausformung einer regionalgeprägten Kleidung gekommen ist.
Diese und andere kulturhistorische Fragen können beantwortet werden, weil es gelungen ist, einen großen, bis dahin unbekannten Fundus an historischen Bildquellen in Privatbesitz zu entdecken: die gemalten Scherenschnitte des Silhouetteurs Caspar Dilly, angefertigt in der Biedermeierzeit von 1815–1839.
Nur fünf dieser Silhouetten befinden sich in Museumssammlungen (drei im Museumsdorf Cloppenburg, eine im Kulturhistorischen Museum zu Osnabrück, eine im Museum Pewsum), alle übrigen sind noch im Privatbesitz im Lande selbst.

Es gehört zum Arbeitsprinzip des Museumsdorfes Cloppenburg, den privaten Kulturbesitz als Ergänzung musealer Sammlungen heranzuziehen und zu erforschen, ihn zwar „vor Ort" in privater Hand zu belassen, aber durch Erläuterungen in entsprechenden Publikationen und Ausstellungen aufzuwerten und dadurch – unter Beachtung privater Rechte und Anonymität – für die Forschung nutzbar zu machen.
Die hier vorgelegte Dilly-Publikation ist ein weiteres Beispiel dieser unserer Museumspraxis der Betreuung der „beweglichen Denkmäler" in der Region. Sie beweist, welchen Zugewinn der private Kulturbesitzer durch Mitwirkung an derartigen wissenschaftlichen Unternehmungen erzielen kann. Keiner der Dilly-Bildbesitzer kannte zuvor Herkunft und Umfeld dieses Silhouetteurs, und in vielen Familien hatte sich in der mündlichen Überlieferung die Annahme festgesetzt, daß Dilly „ein Franzose" gewesen sei.
Wir sind sicher, daß jetzt, da der Kontext zu den Dilly-Scherenschnitten vorliegt, eine Aufwertung dieser familienkundlich sowie kulturhistorisch überaus aussagefähigen Bilddokumente auch bei den Besitzern der Silhouetten erfolgt und so ein weiteres Abwandern in die Anonymität vermieden wird.
Unser erster Dank richtet sich daher an die Ei-

gentümer der Dilly-Bilder, die uns deren fotografische Dokumentation ermöglichten.

Den Weg zu den jeweiligen Dilly-Bildern zu finden war nur möglich, weil wir viele weiterführende Hinweise erhielten und weil uns Vertrauenspersonen in den einzelnen Regionen weiterhalfen. Die ammerländische „Schatztruhe" wurde uns durch Herrn Friedrich-Wilhelm Jaspers und die ostfriesische durch Frau Ingrid Buck weit geöffnet. Ihnen beiden gilt nicht nur dafür, sondern auch für zahlreiche aufschlußreiche Gespräche zum Thema der historischen Kleidung in ihrer Region mein tief empfundener Dank.

Die Dilly-Silhouetten konnten nur deswegen als historische Bild-Sachzeugnisse aus- und aufgewertet werden, weil es in den meisten Fällen gelang, den genealogischen Zusammenhang zu rekonstruieren. Für die Bilder aus dem Osnabrükker Artland sowie aus dem Oldenburger Münsterland leistete diese Arbeit in erster Linie Herr Hellmuth Rehme, Cloppenburg, dem wir auch die Auffindung der entscheidenden Eintragung zur Person des Caspar Dilly im Essener Kirchenbuch verdanken. Er hat sich dadurch um die Dilly-Forschung besonders verdient gemacht.

Die Interpretation der Bildsachverhalte in den Scherenschnitten forderten auch zu einer Analyse der dargestellten Sonntagskleidung heraus. Da ich selbst kein Experte der historischen Kleidungsforschung bin, war es für mich sehr hilfreich, daß ich zu diesem weitgespannten Themenbereich ein ständiges Informationsgespräch mit meinem Kollegen, Herrn Dr. Hermann Kaiser, führen konnte, wofür ich ihm sehr herzlich danken möchte.

Wichtige Hinweise auf Quellenvergleiche zur historischen Kleidung vermittelten auch Frau Dr. Elfriede Heinemeyer, Oldenburg, und Frau Gerda Schmitz, Münster, wofür ihnen ganz besonders gedankt sei.

Um die Dilly-Silhouetten auch in Zukunft als vielseitig ausdeutbares Quellenmaterial zur Kulturgeschichte des nordwestlichen Niedersachsen zur Verfügung zu haben, war es unverzichtbar, auch ihre Farbigkeit zu dokumentieren. Dies wurde uns durch fördernde Mittel der Bremer Landesbank Kreditanstalt Oldenburg ermöglicht, was wir gebührend hervorheben möchten.

Dankbar sind wir auch dem Verlag Gerstenberg, Hildesheim, der sich entschließen konnte, diese Publikation in seine Verlagsreihe „Historische Alltagskultur in Niedersachsen" zu übernehmen, und der Firma Rasch, die sich um einen qualitätvollen Druck sehr bemühte.

Helmut Ottenjann

Zum Leben und Wirken des „Sielhouetteurs und Mahlers“ Caspar Dilly

Der überlieferte Bestand an historischen Bildquellen aus dem 18. und frühen 19. Jahrhundert ist im nordwestlichen Niedersachsen offensichtlich weitaus geringer als im südöstlichen Niedersachsen. Dieser Mangel an Bildquellen im Weser-Ems-Gebiet ist besonders bei den mittleren und unteren Sozialschichten in Stadt und Land festzustellen. Dies ist um so beklagenswerter, als dadurch für breiteste Bevölkerungsschichten eine Quellengattung fast ganz ausfällt, die es in optimaler Weise erlaubt hätte, die immer noch in respektablen Mengen vorhandenen historischen Objekte der Wohnkultur und des Bekleidungswesens in ihrer historisch getreuen Kombination und in ihrem zeittypischen Zueinander zu betrachten.

Das historische Einzelmöbel, wenngleich in großen Quantitäten gesammelt, liefert aus sich selbst heraus noch keine schlüssige Antwort auf die Frage nach der ursprünglichen Möbelgruppierung in den verschiedenen Wohnräumen, also der Art und Weise der Möblierung sowie Stubennutzung unterschiedlicher Sozialgruppen. Und der Griff in einen mit historischen Kleidern noch „vollgefüllten“ Kleiderschrank „in situ“ gibt noch keineswegs zu erkennen, wie man zu bestimmten Zeiten und Anlässen die einzelnen Kleiderstücke miteinander zu kombinieren pflegte. Die Wohnkultur und das Kleidungswesen der Vergangenheit werden erst dann „dreidimensional“ vorstellbar, wenn die Ergebnisse der „Gegenstandsforschung“ sowie der „Archivalienforschung“ mit der Interpretation historischer Bildquellen zur Deckung gebracht werden.

Für manchen Zeitabschnitt und für viele Regionen wird dies „Optimum“ kultur- und sozialgeschichtlicher Forschung nicht mehr möglich sein. Wenn dies weitgespannte Forschungsziel im besonders „bildarmen“ nordwestlichen Niedersachsen für die erste Hälfte des 19. Jahrhunderts aber dennoch in Angriff genommen werden kann, dann wegen des glücklichen „Zufalls“, daß in dieser Region noch eine Serie von Bildquellen in Privatbesitz entdeckt werden konnte. Sie stammen in der überwiegenden Mehrzahl aus der „Schere“ eines Berufssilhouetteurs, der hier für viele Jahrzehnte ansässig wurde und einheimische Bevölkerungsschichten „im Bilde“ festhielt, ihre Sonntagskleidung „malte“ und farbenprächtige Einblicke in Stube und Garten übermittelte.

Der Name dieses „Kunst“-Handwerkers ist Caspar Dilly. Seit Jahrzehnten schon waren einige wenige der in dieser Publikation vorgestellten „Dilly-Bilder“ bekannt[1] (Taf. II, III, IV); sie alle aber stammen nur aus dem Artland oder aus den dicht anschließenden „Nachbarbauerschaften“ des Oldenburger Münsterlandes (Abb. 7). Aus diesem Grunde wurde der „Sielhouetteur“ Dilly – wie er sich auf seinen Bildern selbst bezeichnet – auch stets als Artländer Scherenschnittkünstler angesehen. Da zudem heute noch eine Familie gleichen Namens im Artländer Kirchspieldorf Menslage lebt, wurde hier sein ständiger Wohnsitz vermutet. Seltsamerweise war aber weder in den Kirchenbüchern des Kirchspiels Menslage noch in denen der zwei übrigen Artländer Kirchspiele Badbergen und Gehrde im Zeitraum von 1818 bis 1860 auch nur eine einzige Eintragung zu finden, die auf Caspar Dilly Bezug genommen hätte.

Bei der Lösung des Rätsels um die Person Caspar Dilly half uns in entscheidendem Maße Hellmuth Rehme/Cloppenburg, der die Suche des Museumsdorfes Cloppenburg nach genealogischem und überhaupt archivalischem Basismaterial über die ländliche Bevölkerung stets wirkungsvoll unterstützt und der in diesem besonderen Fall eine überaus wichtige Kirchenbucheintragung entdeckte.

Nicht in einem Kirchenbuch des protestantischen Artlandes, sondern in dem des benachbarten katholischen Kirchspiels Essen (Landkreis Cloppenburg) sind folgende aufschlußreiche Daten zur Person des Caspar Dilly festgehalten: „Caspar Dilly, Mahler aus Bonn, ehelicher Sohn des Wilhelm Dilli und der verstorbenen Anna Fuchs wurde am 2.12.1815 mit Hollrahs Anna Margarethe, Kirchspiel Löningen, des Johan Herm Hollrahs und der Catharina Adelheid Tapkers ehelicher Tochter, getraut. Zeugen: Bernd Friedrich Bertling, Küster in Essen und Susanne Maria Adelheidis Hollrahs, letztere ledig, in Löningenschen. Wohnen jetzt in Essen."

Diese Essener Kirchenbucheintragung enthält die wichtige Aussage, daß der „Mahler" C. Dilly aus dem rheinischen Bonn zugewandert war und daß seine Frau aus dem Kirchspiel Löningen stammte. Aus weiteren, später entdeckten Kirchenbucheintragungen ist zudem eindeutig zu entnehmen, daß beide Ehepartner unterschiedlicher Konfession waren: C. Dilly war katholisch und A.M. Hollrah evangelisch-lutherisch. Bei der Beschaffung der notwendigen Erlaubnis- und Vertragspapiere für diesen komplizierten Fall einer Trauung zwischen Heiratswilligen, die nicht nur verschiedenen Konfessionen angehörten, sondern auch aus „meilenweit" voneinander entfernt liegenden Heimatorten (Bonn am Rhein und Hollrah an der Hase) stammten, war vermutlich der bischöflich-münstersche Notar Niermann aus Essen behilflich, der von C. Dilly im Jahre 1815 – vermutlich aus Dankbarkeit oder als Teil einer Gegenleistung – mitsamt seiner Familie silhouettiert wurde (Taf. XI). Die Essener Kirchenbucheintragung über C. Dilly gibt keine Auskunft über den „ständigen Wohnsitz" des neuvermählten Paares nach 1815; überhaupt taucht der Name Dilly dort niemals wieder auf.

Die Kirchenbücher der katholischen Kirche in Löningen berichten jedoch ab 1816 mehrmals über das Ehepaar C. Dilly und deren Nachkommen: Schon drei Monate nach der Trauung ließ das Ehepaar C. Dilly im Löninger Kirchenbuch die Geburt ihres Sohnes Johann Hermann Werner (geb. am 17.3.1816) eintragen und gab das Versprechen ab, diesen Sohn nach der katholischen Religion zu erziehen („filium in Religione Catholica fore educandum"). Als Wohnort der Eltern wurde vermerkt: Hollrah. Daraus ist zu folgern, daß der „Mahler" Caspar Dilly und seine Frau den Ort Hollrah, den Heimatort der Ehefrau, gelegen in der Bauerschaft Winkum des oldenburgischen Kirchspiels Löningen, als neuen ständigen Wohnsitz wählten (Abb. 1).

Die Richtigkeit dieser Annahme wird durch weitere Kirchenbucheintragungen bestätigt: Der einzige Sohn C. Dillys, der spätere Heuermann Johann Hermann Werner, wurde am 15.9.1836 mit der evangelisch-lutherischen Artländerin Cath. Marg. Lampe aus Dalvers (Kirchspiel Menslage) getraut; aus diesem Anlaß gibt das Menslager Kirchenbuch einen Hinweis auf den Wohnort der Eltern des J.H.W. Dilly: genannt wird der Ort Winkum. Ferner ist dieser Eintragung zu entnehmen, daß auch der Heuermann Johann Hermann Werner Dilly und seine junge Frau Cath. Marg. geb. Lampe in Winkum wohnen.

Weitere Angaben zum Leben Caspar Dillys sind den Kirchenbüchern nicht zu entnehmen. Nur über die Familie seines Sohnes finden wir zusätzliche Hinweise, so zu seinem „ständigen Wohnsitz": Aus Anlaß der Geburt sowie des Todes eines der Kinder wird als Wohnsitz der Eltern stets Winkum oder Hollrah angegeben (1839: Winkum, 1841: Hollrah, 1842: Winkum

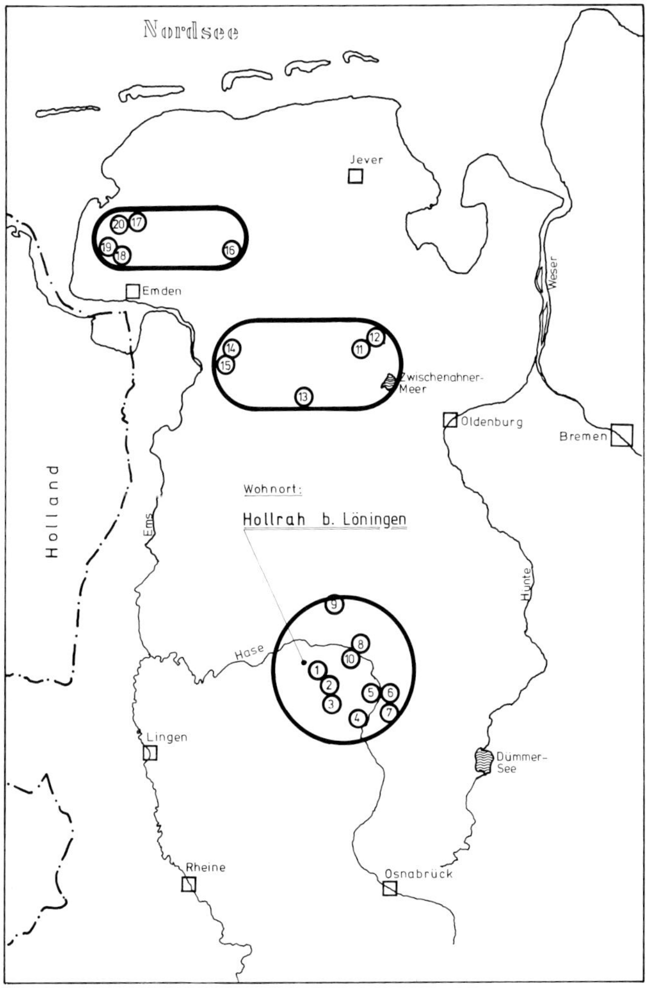

Abb. 1: Dillys Reisen, 1815–1839: „Auftragsorte" des Silhouetteurs Caspar Dilly

Wohnort des Silhouetteurs Dilly: Hollrah bei Löningen

1 Menslage; 2 Kl. Mimmelage, 18. August 1818 und 24. August 1818; 3 Nortrup, 2 × ohne Jahr; 4 Langen, 17. September 1818 und 2. April 1819; 5 Wulften, 1. Ju.. 1818 und 12. Juli 1818; 6 Wehdel, 28. Mai 1819 und 20. August 1819; 7 Grönloh, 28. Mai 1819; 8 Essen, um 1815/1816/1817; 9 Lastrup, um 1817–1820; 10 Brokstreek, ohne Jahr; 11 Westerstede, 2 × ohne Jahr; 12 Linswege, 12. Okt. 1825 und 22. Okt. 1825; 13 Barßel, 20. Jan. 1825; 14 Loga, 28. Okt. 1829; 15 Logabirum, 8. Mai 1829; 16 Westersander, ohne Jahr; 17 Wirdum, 15. Mai 1839; 18 Groß-Midlum, 20. Juni 1837; 19 Freepsum, 20. Aug. 1836; 20 Grimersum, 1. April 1839, 2. April 1839, August 1839

sive Hollrah); J. H. W. Dilly stirbt 1847 „in Winkum". Die letzte Eintragung über seine Frau Cath. Marg. geb. Lampe im Menslager Kirchenbuch aus dem Jahre 1863 besagt, daß sie ihren Wohnsitz immer noch in Winkum hat (sie ist Patin ihres am 10. Dezember 1863 geborenen Enkelkindes).

Aus all diesen amtlichen Eintragungen ist zu schließen, daß der Silhouetteur Caspar Dilly sich mit seiner Frau nach der Trauung im Jahre 1815 in Hollrah bei Winkum niederließ; die letzte uns vorliegende Nachricht über C. Dilly und seine Frau Anna Marg. geb. Hollrah stammt aus dem Jahre 1836 (Hochzeit des Sohnes); aus ihr geht hervor, daß zu dieser Zeit die Eheleute nach wie vor ihren Wohnsitz in Hollrah in der Löninger Bauerschaft Winkum hatten.

Trotz mancherlei Bemühungen ist es bislang nicht gelungen, das Geburtsdatum oder den Todestag des Caspar Dilly ausfindig zu machen. Da in den Sterberegistern der Kirchen in Essen, Löningen und Menslage keine weiteren Eintragungen über C. Dilly zu entdecken sind, darf gefolgert werden, daß er nach 1839 (aus diesem Jahr ist sein letztes signiertes Bild überliefert) an einem noch unbekannten Ort auf seiner Wanderschaft (?) – vermutlich im Weser-Ems-Gebiet – verstorben ist. Vielleicht wird der eine oder andere Genealoge im nordwestlichen Niedersachsen aufgrund dieser Publikation motiviert, nach dem Todesdatum dieses „Künstlers" volkstümlicher Silhouetten zu suchen.

Wirkungskreise des C. Dilly: Eine große Anzahl an Dilly-Silhouetten befindet sich heute noch im Besitz der „Besteller-Familien". Aber nicht nur sie, sondern auch viele Bilder aus der Dilly-Produktion konnten, obwohl nicht mehr am ursprünglichen Bestellerort vorhanden, in ihrem familienkundlichen Kontext rekonstruiert werden.

Da sich der „Mahler" C. Dilly durch die vortreffliche Gepflogenheit auszeichnete, die überwiegende Mehrzahl seiner Bilder mit exakten Daten zu versehen, gelang es, nicht nur die Sozialschicht der Dargestellten, sondern auch den jeweiligen Herstellungsort sowie die Herstellungszeit seiner Bilder festzulegen; es ist daher unschwer möglich, die Wanderwege und Wirkungskreise dieses „professionellen Profilisten" nachzuweisen (Abb. 1).
Die bisherige Suche nach „Dilly-Bildern" läßt erkennen, daß dieser Silhouetteur zu bestimmten Zeiten in drei Regionen des Weser-Ems-Gebietes erfolgreich wirkte: 1.) Die größte noch erhaltene Anzahl an Bildern konnte aufgrund besonders intensiver Nachforschungen im Osnabrükker Artland sowie im benachbarten Südoldenburger Kirchspiel Essen entdeckt werden. In dieser Region fand C. Dilly von 1815 bis 1820 für seine kunstgewerbliche Tätigkeit in der ländlichen Bevölkerung Zuspruch und Absatz. Da keines der in dieser Region hergestellten Bilder ein späteres Datum als 1820 trägt, darf vermutet werden, daß C. Dilly nach dieser Zeit wegen mangelnder Auftragslage sich einen anderen Wirkungskreis suchen mußte. 2.) Datierte „Dilly-Bilder" sind dennoch erst wieder für den Zeitabschnitt von 1825 bis 1829 nachzuweisen, und zwar in der Region des Oldenburger Ammerlandes sowie in der sich westlich anschließenden ostfriesischen Geest. Somit kann gefolgert werden, daß C. Dilly im Zeitraum von 1820 bis 1825 in einen noch nicht entdeckten Raum – vermutlich zwischen dem Osnabrücker Artland und dem Oldenburger Ammerland oder aber südlich davon im Hase-Hunte-Bereich – wanderte und hier nach neuen Absatzmärkten Ausschau hielt.
Die Region „Ammerland/ostfriesische Geest"

Abb. 2: Stammbaum des Caspar Dilly

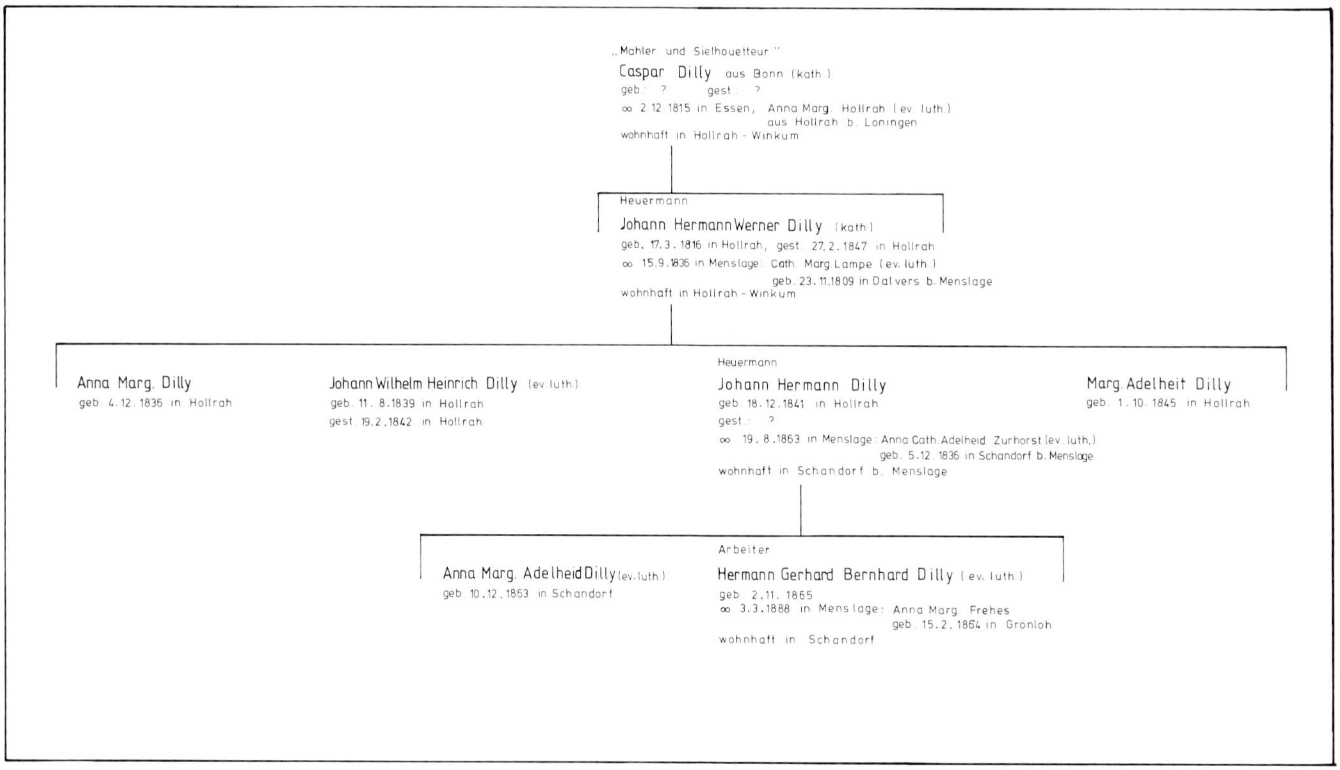

blieb wiederum nur für fünf Jahre seine Wirkungsstätte; offensichtlich wurden während dieser Zeit alle potentiellen Kunden dieser ländlichen Region mit Dilly-Silhouetten „bedient", und der Wanderhandwerker Dilly mußte sich nach einer anderen Auftragslandschaft umschauen. Das neue Absatzgebiet für Dilly-Scherenschnitte in den Jahren 1830 bis 1835 ist ebenfalls noch unerforscht, es könnten Regionen zwischen Weser und Ems westlich oder östlich des Gebietes „Ammerland/ostfriesische Geest" gewesen sein.
3.)Die letzte uns bislang erschlossene „Dilly Region" ist die ostfriesische Marsch der Krummhörn; hier arbeitete der „malende Silhouetteur" nachweislich im Zeitraum von 1836 bis 1839. Ob die „Künstler-Karriere" des Caspar Dilly hier durch plötzlichen Tod beendet wurde, oder ob er noch einen vierten ostfriesischen oder jeverländisch-friesischen Wirkungskreis nach 1840 aufbauen konnte, entzieht sich vorerst unserer Kenntnis. Wir möchten wünschen, daß uns durch diese Publikation in Zukunft weitere Belege seiner für die Kulturgeschichte des Bekleidungswesens unserer Region überaus bedeutungsvollen Bildproduktionen angezeigt werden.

Die Verbreitungskarte der Auftragsorte (Abb. 1), die nicht wie Perlen an einer Schnur hintereinander aufgereiht sind, sondern sich zu Verbreitungsgebieten verdichten, unterstreicht unmißverständlich, daß der Künstler direkt in die ausgewählten Regionen reiste und dort auf kürzestem Wege die einzelnen Auftraggeber zu erreichen versuchte. Offensichtlich arbeitete er in diesen überschaubaren Bereichen nur eine gewisse Zeit, vielleicht einige Monate, fuhr oder ging wieder zurück zu seinem Wohnsitz Hollrah, um dann erneut in dieselbe Absatzregion zurückzukehren. Diese für C. Dilly anzunehmende Gepflogenheit, die potentielle Marktregion für die Absatzchance seiner Kunst zu erkunden und sich in ihr für eine bestimmte Zeit niederzulassen, praktizieren zur gleichen Zeit auch andere reisende Silhouetteure. Dafür hat Christa Pieske in Annoncen der Wochenblätter und Zeitungen dieser Zeit reichliches Belegmaterial vorgelegt.[2] Zum Beispiel annoncierte im Jahre 1798 in Lübeck unter der Rubrik „vermischte Nachrichten" ein Silhouetteur seine Ankunft und seine Dienste mit folgendem Wortlaut: „... verfertigt auf eine ganz neue Art Silhouetten auf Glas... Logiert in der Gastwirtschaft Stadt Wismar." Der weit herumgekommene „Premieresilhouetteur" Franz Liborius Schmitz gab in den „Lübeckischen Anzeigen" vom 7. 1. 1818 u. a. bekannt: „Auf Verlangen wird er Jedem in seinem Hause aufwarten. Da er sich nur wenige Tage hier aufhalten kann, bittet er um baldige Bestellungen. Er logiert im ‚Goldenen Apfel'." In Stralsund pries durch Zeitungsanzeige ein Silhouetteur Herwig im Jahre 1789 seine Künste wie folgt an: „Der Silhouetteur Herwig befindet sich jetzt in Stralsund, wo er sich auch noch einige Tage, in welchen er Befehle zum Silhouettieren erwartet, aufhalten wird. Da er von hier nach Greifswald reiset, so empfiehlt er sich allen respektiven Herrschaften darselbst und in der Gegend. Er verfertigt alle Arten Silhouetten nach neuestem Geschmack, Brustbilder in beliebiger Größe, auch in Ringen, Berloques, Tabatiers etc. in gleichen Tableaux von einzelnen Personen sowohl als von Familien von 10, 12 und mehreren Personen in Lebensgröße, in beliebigen Stellungen und coeffiert Damens nach der neuesten Mode. Die Silhouetten, eine Person im Brustbild in Einfassungen von ganz neuer Erfindung wird für 1 Th sechsmal, für einen Gulden dreimal gemacht. Von allen Arten seiner Arbeiten hat er Stücke zum Vorzeigen. Da er sich nur einen Monat in Greifswald aufhalten wird, so bittet er nach seiner Ankunft daselbst um baldige Befehle. Er logiert bei Herrn Bambams in der Ochsenreiher Straße."

Nach diesem System der öffentlichen Bekanntgabe seiner Ankunft, seines Quartiers und seiner „Künste“ in Wochenblättern, Zeitungen etc. sowie sicherlich auch durch gedruckte „Lauf- oder Handzettel“ könnte auch C. Dilly seine ersten Kontakte zu seinen Kunden geknüpft haben. Die „Mundpropaganda“ über gelungene „Familienstücke“ zu erschwinglichen Preisen dürfte als weitere Chance der Kundenwerbung „vor Ort“ genutzt worden sein.

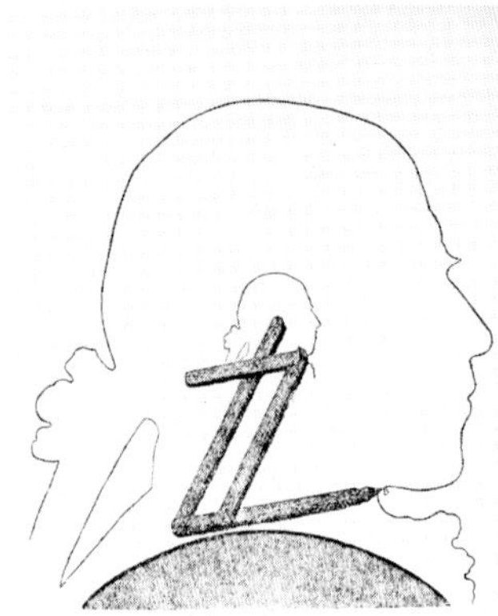

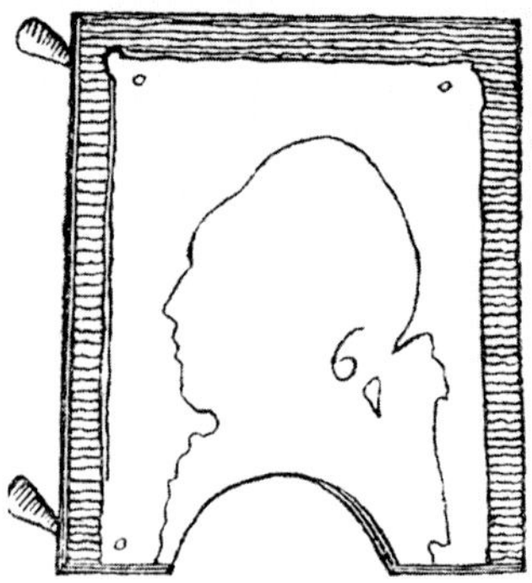

Abb. 3: Storchschnabel, „Verjüngungszirkel“

Abb. 4: Silhouettierbrett, „Schulterbank“

Abb. 5: Silhouettierstuhl im Gebrauch (alles nach Kippenberg)

Zur Geschichte der Silhouette

Das flächenhafte Abbild von Menschen und Gegenständen gemäß dem von ihnen geworfenen Schatten trägt den Namen „Silhouette“.[3] Der französische Bankier und Finanzminister Etienne de Silhouette, selbst ein Freund des Schwarzpapierschnitts, dem im Jahre 1759 die undankbare Aufgabe zugefallen war, die zerrütteten Finanzen Ludwigs XV. wieder zu ordnen und der als vordringliches Sanierungsrezept der Bevölkerung nur einschneidende Sparmaßnahmen abverlangte, wurde zum unfreiwilligen Namensgeber dieser Kunstgattung. Seine unpopulären Sparmaßnahmen brachten ihm Hohn und Spott der Zeitgenossen ein, seinem Namen aber auch wider Willen Unsterblichkeit, denn Silhouette wurde zum Synonym für Sparen auf allen Gebieten, auch für das Sparen im Bereich der Kunst. Statt der teueren, farbenprächtigen Miniaturen empfahl er den preiswerten schlichten schwarzen Profilschnitt, die „Silhouette“. In einem zeitgenössischen Bericht steht zu lesen[4]: „Seither schien alles à la Silhouette, die Moden erhielten in ihren Mustern das Gepräge der Magerkeit und Ärmlichkeit, die Tabakdosen waren aus rohem Holz, die Portraits schwarze Profilbilder nach dem Schatten, welche eine Kerze auf weißes Papier wirft.“ Im Jahre 1830 wurde schließlich die Bezeichnung „Silhouette“ für das schwarze Profilbild offiziell von der Académie Française akzeptiert.[5]

Die größte Wertschätzung erfuhr die Silhouette während der ersten Begeisterungswelle in den gesellschaftlichen Oberschichten von Adel und Bürgertum[6]. In einer umfänglichen Literatur über die Geschichte der Schattenrisse ist dargelegt, daß eine Vielzahl höchst unterschiedlicher Fakten in der Zeit nach 1750 den „Boom" des Silhouettierens auslöste[7]: 1. Die sensationellen archäologischen Ausgrabungen in Herculaneum im Jahre 1748 und deren idealisierte Interpretationen durch Johann Joachim Winkelmann lenkten das Interesse der hellasbegeisterten Kunstwelt auf die faszinierenden schwarzfigurigen Profildarstellungen der griechischen Vasen sowie auf die Portraitreliefs der antiken Münzen. Dies hatte zur Folge, daß die schwarze Portraitsilhouette auch von den Miniaturbild-Künstlern, den Miniaturisten, als beliebtes Motiv aufgegriffen wurde. Da aber die Kunst-Miniaturen den meisten Bevölkerungsschichten aus Kostengründen unerschwinglich blieben, bediente man sich des preiswerten Ersatzes, des billigen Vergnügens, den „beseelten Schatten" durch freien Scherenschnitt als Profilbild einzufangen und in dieser „Papierausgabe" nahestehenden Freunden und Bekannten zuzusenden. 2. Eine Popularisierung der Portraitsilhouette griff um sich, als führende Gelehrte der Zeit dieser „Kunst" eine wissenschaftliche Aussagekraft zubilligten und behaupteten, das auf das Papier gebannte individuelle Schattenbild des Menschen lasse Wesenszüge seiner Natur, seiner Seele, erkennen. Einer der geistigen Wegbereiter dieser „Physiognomisten" war der Philosoph Christian Wolff, der die These vertrat[8]: „Wir wissen, daß nichts in der Seele vorgeht, dem nicht zuvor eine Veränderung im Leibe entspräche." Noch eindringlicher formulierte Johann Georg Sulzer (1720–1775) einen vermeintlich ursächlichen Zusammenhang zwischen Physiognomie und Seele, wenn er formulierte[9]: „Nichts ist gewisser als dieses, daß wir aus der Gestalt der Menschen, vorzüglich aus ihrer Gesichtsbildung, etwas von dem erkennen, was in ihrer Seele vorgeht." Keiner dieser Physiognomisten verfolgte eifriger als der Züricher Theologe Johann Caspar Lavater die Theorie[10], daß der Schattenriß eines Menschen – insbesondere der seines Gesichtes – „untrüglich Auskunft gebe über die Qualität seiner Persönlichkeit, seines Innenlebens, seiner Seele schlechthin". In seinen zu diesem Thema in den Jahren 1775–1778 herausgegebenen vier Bänden „Physiognomische Fragmente zur Beförderung der Menschenkenntnis und Menschenliebe" finden sich u. a. die vielzitierten Sätze[11]: „Das Schattenbild des Menschen, das schwächste, das leerste, aber zugleich, wenn das Licht in gehöriger Entfernung gestanden, wenn das Gesicht auf eine reine Fläche gefallen – mit dieser Fläche parallel genug gewesen – ist das wahrste und getreueste Bild, das man von einem Menschen geben kann. Das schwächste, denn es ist nichts Positives, es ist nur etwas Negatives – nur die Grenzlinie des halben Gesichtes. Das getreueste, weil es ein unmittelbarer Abdruck der Natur ist." Dieser überschwengliche Versuch einer wissenschaftlichen Silhouettendeutung erfuhr schon zeitgenössische Kritik; auch Schiller und Goethe, die sich anfänglich an dem Gesellschaftsspiel des Silhouettierens eifrig beteiligten, verspotteten später Lavater und seine Anhänger als ein „Heuschreckenheer von Physiognostikern".[12] Die Silhouette aber überdauerte diese kritische Phase, und ihre Wertschätzung in breitesten Bevölkerungsschichten blieb lange Zeit ungebrochen. 3. Die Methode, Schattenrißsammlungen à la Lavater anzulegen, fand auch vielfache Nachahmung im Brauch adeliger und bürgerlicher Oberschichten, in die sogenannten „Stammbücher" statt der Wappen nun schwarze Profilbilder einzukleben. Die Silhouette erfuhr auch begeisterte Aufnahme zur Illustration der Bücher und der Almanache und drängte unaufhaltsam in den weiten Bereich des Kunstgewerbes vor. Im Schmuck, auf Glas und Porzellan, im Möbelbau, allüberall eroberte sich die Silhouette aufgrund ihrer Bildwirksamkeit einen bevorzugten

Platz.[13] 4. Als sich schließlich gegen Ende des 18. Jahrhunderts der „Silhouettenwahn" in den gesellschaftlichen Oberschichten ausgetobt hatte, lebte er dennoch im Mittelstand ungeschwächt und um neue Ausdrucksmittel bereichert weiter. „Ein Biedermeierzimmer ohne die schwarzen Profilbildchen im vergoldeten Gips- oder Blechrahmen war undenkbar. Damit war der Schritt vom gelegentlichen Beschäftigen zur steten Anschauung, vom Stammbuch im Bücherschrank zum Wandbild vollzogen. Auch hier hat die Französische Revolution einschneidend gewirkt und das Selbstbewußtsein des Bürger- und Kleinbürgertums gefördert. Jetzt war nicht nur die höfische Gesellschaft darstellungswürdig, sondern auch der „kleine Mann" wollte seine Individualität „schwarz auf weiß an der Wand bestätigt sehen".[14] Die klassische Silhouette in ihrer konsequenten „Abstraktion einer Individualität" – dies wurde von Chr. Pieske zu Recht betont – gehört vor allem in das Gebiet der Kulturgeschichte. In dieser strengen Art ist sie zwar „nicht bis in das letzte Haus vorgedrungen", aber in einer gewandelten Form – dem „volkstümlichen" Geschmack durch die Kombination von Silhouetten und Malerei, insbesondere der Genremalerei angepaßt – eroberte sie sich nach 1800 neue Märkte, wurde zum Stuben-Wandbild auch der Bürger und Bauern im ländlichen Raum.

„Und ihrer Verbreitung verdankt die Nachwelt nicht nur das Bild des Individuums, sondern vor allem das der Familie. Gerade in solchen Familientafeln, die sich weniger im Museums- als im Privatbesitz erhalten haben, prägt sich etwas von dem in sich gefestigten Familiengefüge jener Epoche aus, und so wurde die Silhouette, einst Gegenstand eines physiognomischen Gesellschaftsspiels, zur Dokumentation des bürgerlichen Biedermeiers."[15]

Ebenso plötzlich, wie die Mode der Silhouette entstand (um 1750), fand sie ein abruptes Ende (um 1840).

Nach dieser Zeit ist bislang auch keine „Dilly-Silhouette" mehr bekannt geworden. Zukünftige Nachforschungen oder weitere Belege können vielleicht klären, ob die Ursache für das Fehlen der Dilly-Scherenschnitte nach 1840 in einem plötzlichen Tod des Silhouetteurs oder aber in dem Ende der Nachfrage nach Genresilhouetten begründet liegt.

Eine neue Bildtechnik war es vor allem, die seit der Mitte des 19. Jahrhunderts weiteste Verbreitung in alle Sozialschichten hinein finden konnte: die Daguerreotypie, vor allem aber die spätere Fotografie. Diese neue „Kunst-Technik" machte der „kunstgewerblichen" Genre-Silhouette den Absatzmarkt streitig.

Die Fotografie, die die gewünschte Wirklichkeitstreue in der Bildwiedergabe am optimalsten erreichte, war selbst für professionelle Silhouetteure eine zu harte Konkurrenz[16] und machte sie zu „brotlosen Kunst-Handwerkern". Das schwarze Scherenschnittbild verlor seine Stellung im Wertsystem der städtischen und ländlichen Kulturen und sank ab zum Zeitvertreib für jung und alt. Es hielt sich aber als überzeichnete Karikatur und als kleine Sensation auf Jahrmärkten bis in die jüngste Zeit hinein.

Zur Technik des Silhouettierens: In der Silhouettenherstellung konkurrierten von Anfang an unterschiedlichste „Techniken" miteinander. Zum mechanischen „Abschatten an der Wand" bediente man sich alsbald des „Silhouettierbrettes"[17] und etwas später des „Silhouettierrahmens"[18] mit eingespanntem, ölgetränktem Papier, auf dem der auffallende Schatten nachgezeichnet wurde (Abb. 4). Der von dem Gießener Professor Julius Höpfer konstruierte „Silhouettierstuhl"[19] (Abb. 5) kombinierte den „Silhouettierrahmen", die Sitzgelegenheit und die Kopf-

stützen. Dieses auch zerlegbar konstruierte Instrument wurde oftmals von den wandernden Silhouetteuren mitgeführt und verlieh ihnen sicherlich auch den Anstrich des Professionellen.
Als schwierig gestaltete sich die Verkleinerung der Silhouetten, die notwendig war, wenn man nicht die Originalaufnahmen aufbewahren wollte. Auf mechanischem Wege war ein Verkleinern mit Hilfe des „Storchschnabels“[20], aus freier Hand unter Benutzung geometrischer Hilfslinien (sogenannter „Netzrahmen“) möglich (Abb. 3).
Schon in der Frühphase des Schwarzpapierschnittes betrieben sowohl „Dilettanten“ als auch berufsmäßige Silhouetteure den „Schnitt aus freier Hand“. Er verlangte den Silhouetteuren Augenmaß, Geschicklichkeit und ein ausgeprägtes Fingerspitzengefühl ab. Im Verlauf der Zeit verlor die mechanische Silhouettenfertigung gegenüber den von „Künstlerhand“ im freien Schnitt hergestellten Silhouetten immer mehr an Bedeutung; denn der Trend verlief von dem freigeschnittenen Brustbild über die ganzfigurige Silhouette zum Genrebild in Silhouettenmanier.
Auch der „Berufs-Silhouetteur“ Caspar Dilly aus Hollrah scheint sich nicht auf die mechanische Silhouettenherstellung spezialisiert zu haben, denn seine z. T. noch als Duplikate überlieferten Silhouetten sind niemals „deckungsgleich“ geschnitten. Er ist vielmehr ein berufsmäßiger, „freihandschneidender“ Silhouetteur, der sowohl die klassisch schwarze als auch die volkstümlich bunte Silhouette schneidet, und zwar je nach Wunsch und Bezahlung halbfigurig, ganzfigurig oder vielfigurig.

Wie seine zeitgenössischen Berufskollegen versteht er es, mit allerlei Hilfsmitteln die Figuren und Gegenstände „zu beleben“: Er gestaltet die Rückseite des schwarzen Papiers mit Hilfe einer stumpfen, ritzenden Nadel reliefartig. Auf diese Weise werden Gesichtsteile, Accessoires der Kleidung, Gegenstände aller Art besonders kenntlich gemacht. Durch zusätzliche Binnenschnitte und Binnenzeichnungen sowie durch farbiges Hinterlegen bei Figuren und Objekten entstehen bunte, bewegte Bilder eigener Stilprägung. „All diese Versuche der Hersteller, das nüchterne schwarze Profil dem volkstümlichen Geschmack anzupassen, es zu gliedern und zu beleben, haben die Silhouette, die wie der Scherenschnitt stärkste Verbindung zur Grafik hat, als Kunstgegenstand indiskutabel gemacht. Wenn die Silhouette auch den ihr gesetzten künstlerischen Rahmen sprengte und fremde Elemente des Kupferstichs und der Genremalerei in sich aufnahm, so war nur durch die Vielfalt der Erscheinungsform ihre Popularität gesichert.“[21]

Abb. 6: Eltern des Südoldenburger Geschichtsschreibers Nieberding: Maria Dorgelo, geb. 1742 in Steinfeld, gest. 1819 in Steinfeld; Carl Heinrich Nieberding, geb. 1753 in Steinfeld, gest. 1836. Silhouettenbilder eines unbekannten „Meisters“, vor 1819. Frau Nieberding mit „Dormeuse“ und „Fichu“; Herr Nieberding mit Zopffrisur, Frack und „Jabot“.

Zur Silhouettier-Manier des C. Dilly: Caspar Dilly betreibt sein Gewerbe des Scherenschnitts im Weser-Ems-Gebiet, als die „klassische" Silhouette bei den gehobenen Ständen als Gesellschaftsspiel nicht mehr in Mode ist, aber in Gestalt der kolorierten Genrebild-Silhouette bei breiten Schichten des Bürgertums und auch bei bäuerlichen Oberschichten eine neue Nachfrage erfährt.

Offensichtlich verspürten weder er selbst noch seine Auftraggeber den „Stilbruch", wenn bei diesen Bildern nun eine große Neigung zur Raumperspektive zu beobachten ist, obwohl dies der Natur der Silhouette ganz und gar widerspricht. Auch ist es, „künstlerisch gesehen, ein Verstoß gegen die Forderungen der Grafik"[22], Malerisches in die Binnenzeichnungen und in den Hintergrund hineinzunehmen.

Für die amtliche Eintragung im Kirchenbuch weist sich Caspar Dilly als „Mahler" aus, aber gerade malerische Qualitäten sind in seinen Bildern nicht zu entdecken. Diese ihm fehlende Begabung ersetzt er durch eine große Liebe zum Detail. Vor der perspektivischen Raumaufteilung schreckt er nicht zurück; diese wird von seinen Kunden in der gelieferten Qualität auch akzeptiert, aber er erreicht hier nichts Vollkommenes. Dennoch wird der konstruierte Raum nachvollziehbar, gewinnt Tiefe und spiegelt Dreidimensionalität vor, und diese Qualitätsstufe, überspielt durch einen mit Menschen und Gegenständen ausgefüllten Raum, hat offensichtlich ausgereicht, „Familienstücke" als Wandbilder in großer Zahl absetzen zu können.

Caspar Dilly arbeitet professionell, verfertigt aber keine Bilder im Sinne der hohen Kunst, was auch von seinem Publikum wohl nicht verlangt wird. Er verbleibt auf der Stufe des Kunsthandwerkers, gerade deswegen ist seine Ware für viele Bevölkerungsschichten erschwinglich, im Gegensatz zu den malenden Protraitisten der Zeit. Hier ist die eigentliche Marktlücke für den Silhouetteur Dilly. Zu einer beachtlichen handwerklichen Meisterleistung bringt er es aber auf dem Gebiet der sogenannten Relief-Silhouette. Jede in Schwarzpapier geschnittene Figur, aber auch jeder Schwarzpapier-Gegenstand wird von ihm durch das rückwärtige Eindrücken mit einer stumpfen Nadel reliefiert. Hierdurch gewinnt er nicht nur eine belebte Oberfläche, sondern vermittelt auch alle Einzelheiten, die den dargestellten Personen und Gegenständen eine unverwechselbare Individualität verleihen. Auf diese Weise wird das zu betrachtende Bild wesentlich lebendiger, die historisch getreue Bildwiedergabe gesteigert und der Auftraggeber überrascht. Das Bild wird bunter! Die nicht selten penibel ausgeführte Papier-Reliefierung erfordert vom Hersteller – wie bei der Herstellung des Hinterglasbildes – ein Umdenken; denn mit der stumpfen Nadel wird nicht von der Vorder-, sondern von der Rückseite des Papiers geritzt; es muß also seitenverkehrt gedacht und „gezeichnet" werden. Diese Technik beherrscht C. Dilly perfekt.

Mit seinem Material, dem Papier, geht Dilly ebenfalls als Handwerker sparsam um. Teures schwarzes Glanzpapier verwendet er ganz bewußt in kleinen Stücken, um „Verschnitt" zu vermeiden. Beispielsweise wird eine sitzende Person, wie beim Bild RW. (Taf. II), nicht aus einem einzigen Stück Papier geschnitten, sondern aus mehreren Teilen, die sodann übereinander und zueinander verklebt werden. Arme und Beine sind für sich geschnitten, oftmals auch Schuhe, Tücher oder andere Accessoires. Sitzt die Person auf einem Stuhl, wird dieser zunächst zur Gänze ausgeführt und die Person „in Lagen übereinander" aufgeklebt. Bei Überschneidungen von Gegenständen und Kleidungsstücken kommt es also durchaus vor, daß mehrere Papierlagen übereinander komponiert werden. Mit einfachem Pa-

Abb. 7: Scherenschnitt des Caspar Dilly der Bauernfamilie P. aus Brokstreek bei Essen, vor 1819. Original im Krieg vernichtet.

pier ist er hingegen verschwenderisch. Seine „Lust“ am Scherenschnitt ist so groß, daß einzelne Dekore – obwohl farbig bemalt – zunächst einmal in Papier geschnitten und geklebt werden (Taf. II). Es macht Freude – damals wie heute – die „schwarzfigurigen“ Stubenöfen zu studieren, jegliche Ornamentik des Originals, alle Etagen, Klappen, Nischen etc. werden „en détail“ nachgezeichnet. Materialkonform arbeitet Dilly bei einem besonders wichtigen Möbelstück der Stube, beim Wandspiegel, denn stets – bis auf einen Fall – sind seine Spiegel „echt“, haben Original-Spiegelglas.

Im Gegenständlichen bemüht sich C. Dilly stets dann um „fotografisch getreue“ Wiedergabe, wenn es der Kunde honoriert. Ansonsten kann er aber über viele Einzelheiten hinwegsehen, sie nur grob ausmalen, wenn „Zeit und Geld“ ihn nicht zu mehr verpflichten. In solchen Fällen ist er auch in der Lage, an einem Tag zwei Bilder am gleichen Ort zu „produzieren“ (Taf. VIIIa, VIIId).

Die Menge dokumentierter Dilly-Silhouetten läßt unschwer seine unverwechselbare Manier, seine ganz persönliche Handschrift der Scherenschnitt-Herstellung erkennen. Dieser „Dilly-Stil“ wird in seiner ganzen Charakteristik noch klarer ablesbar, wenn man ihn in Vergleich setzt zu den Werken eines anderen Berufskollegen, der – nur ein Jahrzehnt früher – gleichfalls im Weser-Ems-Gebiet eine Vielzahl an Silhouetten anfertigen konnte: Ferdinand Trümpelmann aus Hannover.

Scherenschnittbilder des hannoverschen Silhouetteurs Ferdinand Trümpelmann aus Oldenburg und Ostfriesland: In dem für die kulturhistorische Einordnung und Ausdeutung der „Schattenrisse und Silhouetten“ überaus anregenden Buch von Christa Pieske wird in der von ihr aufgestellten Namensliste derjenigen „Hersteller von Portraitsilhouetten, die ihre Fertigkeit zum Lebensunterhalt benutzten und von denen mehrere Originale und Hinweise bekannt sind“ (genannt werden nicht weniger als 169 Personen, darunter Caspar Dilly), auch ein Ferdinand Trümpelmann aufgeführt.[23] Von ihm wird berichtet, daß er um 1786 in Hannover geboren wurde und „in Lübeck und Mecklenburg mit seinen freien, gut komponierten Schnitten nachzuweisen ist“. Vier seiner Arbeiten sind von C. Pieske im zitierten Buch abgebildet, und seine Schnittkunst wird folgendermaßen charakterisiert: „Trümpelmanns Silhouetten sind sehr gefällig gebaut und die Binnenschnitte oder auch Binnenzeichnungen in Silberstift aufgelockert. Charakteristisch ist für ihn (u. a.) die Handhaltung.“[24]

Abb. 8: Scherenschnitt des Silhouetteurs Ferdinand Trümpelmann aus Hannover, 1804/05, dargestellt: Familie Christian Daniel Sch., Regierungsrat in Aurich, gestorben 1832, 37 × 38 cm

Abb. 10: Scherenschnitt des Silhouetteurs Ferdinand Trümpelmann aus Hannover, 1805: Justus Friedrich Steinbömer (II), Fabrikant aus Norden, und seine Familie

Abb. 9: Scherenschnitt des Silhouetteurs Ferdinand Trümpelmann aus Hannover, signiert, Celle 13. April 1807

Abb. 11: Scherenschnitt des Silhouetteurs Ferdinand Trümpelmann aus Hannover, 1804: Familie Hemken aus Bockhorn, Friesische Wehde, Oldenburg

Abb. 12: Scherenschnitt des Silhouetteurs Ferdinand Trümpelmann aus Hannover, 1805: Peter Friedrich Lubinus, Fabrikant aus Norden, und seine Familie

Abb. 13: Scherenschnitt des Silhouetteurs Ferdinand Trümpelmann aus Hannover, 1805: Familie des Landgerichtsbeamten von der Lippe in Neuenburg, Friesische Wehde, Oldenburg

Bei der intensiven Suche nach Dilly-Scherenschnitten wurden wir auch auf Silhouetten in Oldenburg und Ostfriesland aufmerksam gemacht oder entdeckten in der Regionalliteratur solche, die sich eindeutig als „Trümpelmann-Scherenschnitte“ ausweisen ließen.[25] Sie alle stammen aus einer frühen, bislang noch unbekannten Schaffensperiode dieses Berufssilhouetteurs aus Hannover und erweitern einerseits den Einblick in sein umfangreiches „Kunstgewerbe“, lassen aber andererseits den auch bei C. Dilly fast zur gleichen Zeit (nach 1820) zu beobachtenden Umbruch in der Art der Hintergrundkomposition erkennen.

Obwohl die fünf hier vorgestellten Gruppen-Silhouetten aus dem oldenburgisch-ostfriesischen Raum (Abb. 8, 10, 11, 12, 13) alle unsigniert sind, kann dennoch eine eindeutige Zuweisung zum Werk des Silhouetteurs Ferdinand Trümpelmann vorgenommen werden, und zwar über ein in Schnitt und Komposition sehr ähnliches, glücklicherweise mit einer „ausführlichen“ Künstlersignatur ausgestattetes Schattenbild, das im Bomann-Museum in Celle von uns entdeckt werden konnte.[26] Die dortige Genre-Silhouette trägt auf gezackter, ovalgeschnittener „Kartusche“ die Inschrift: „Ferd. Trümpelmann aus Hannover fecit, Celle den 13ten April 1807“ (Abb. 9).

Wie bei der Celler Trümpelmann-Silhouette sind die zwei aus Norden (Abb. 10, 12) sowie die aus Neuenburg (Abb. 13) wie ein Bühnenbild gestaltet. Vor den Augen des „staunenden“ Betrachters gibt ein in barocker Manier hochgezogener Lambrequin, ein mit Quasten, Fransen und Schnüren faltenreich drapierter Querbehang, den Blick auf eine „Familienszene“ – so die zeitgenössische Formulierung der Silhouetteure für ein „Familienstück“ – frei. Bis ins kleinste Detail sind Art und Binnenschnitte dieses „Büh-

nenvorhangs“ gleich gestaltet, aus freier Hand vom selben „Künstler“ geschnitten.
Es hat den Anschein, als wären die jeweils mit Silberpapier hinterlegten Wandspiegel mit Vasenbekrönung, Kerzenhaltern und Girlandenbehängen nach derselben Schablone geschnitten, denn sie sind verblüffend ähnlich ausgeführt. Diese „Lichterspiegel“ (Bläker), schwebend über den Köpfen der Akteure, „begrenzen“ den Blick in einen scheinbar endlosen Raum hinter dem Vorhang. Die Auricher „Trümpelmann-Silhouette“ (Abb. 8), die ohne Lambrequin-Rahmung auskommt, erweckt durch das Hinzufügen der mit Gardinen behangenen Sprossenfenster in weit stärkerem Maße als die übrigen Trümpelmann-Silhouetten den Eindruck einer „Stuben-Silhouette“. Aber in jedem Fall fehlt den von diesem „Künstler“ geschnittenen Räumen das Gliedern durch Wandgefüge, die durch Menschen- oder Tierfiguren als Belebung einer Landschaft oder eines Raumes gewünschte Staffage. Der Scherenschneider Ferdinand Trümpelmann huldigt damit – konsequenter als sein Kollege C. Dilly – den „Gesetzen“ des Silhouettenbildes und der Grafik, denn Raumperspektive und Hintergrundmalerei gelten bei dieser „Kunstgattung“ eigentlich als ein künstlerischer Verstoß.[27]
Ferdinand Trümpelmann hat aber nicht nur „Bühnen- bzw. Stubenbild-Silhouetten“ (in der Mehrzahl der Fälle stets mit türkisfarbenem Papier hinterlegt) geschnitten, sondern auch die preiswerteren „Nur-Portraitsilhouetten“. Aufgrund seiner „persönlichen Handschrift“, aber auch aufgrund vieler, nur bei ihm in dieser Art anzutreffender Detailausführungen (Handhaltung und Spreizen der Finger, Reliefieren des sehr dünnen Papiers nicht wie sonst üblich von der Rückseite, sondern von der Vorderseite des Papiers her, Binnenschnitt bei Bücherrücken, Art der Haltung bei Spielpuppen etc.) ist zweifelsfrei zu folgern, daß z.B. die Kinder der Familie Hemken aus Bockhorn (Abb. 11) von Trümpelmann silhouettiert worden sind. Diese historischen oldenburgisch-ostfriesischen Bildbelege aus der Zeit um 1804/1805 sind auch deswegen überaus bedeutungsvoll, weil sie zum Bekleidungswesen der Honoratiorenschichten in dieser ländlichen Region ebenso eindeutige Interpretationen erlauben wie die Dilly-Bilder. F. Trümpelmann hält die bürgerliche Sonntagskleidung in der oldenburgisch-ostfriesischen Region kurz vor der Zeit der französischen „Fremdherrschaft“ fest, Dilly dagegen die der ländlichen Oberschichten in der Zeit nach der Restauration und in der des Biedermeier.

Abb. 14: Apotheker Josef König mit seinen fünf Söhnen, Cloppenburg, vor 1807, angeblich von einem französischen Silhouetteur

Sonntagskleidung auf dem Lande

Seit eh und je gruppieren sich Menschen zu Gemeinschaften. Ihre Zugehörigkeit zu Gruppenverbänden signalisieren sie in einer mehr oder minder offenen Art durch bestimmte äußere Zeichen. Dies gelingt u.a. auch durch ein abgestimmtes Verhalten in der Wahl „materieller" Kulturgüter.

In der großen Masse unterschiedlicher kultureller Objektivationen gibt es bestimmte Formen, deren Ausgestaltung sehr stark von den Wünschen und dem Kulturwillen der Konsumenten bestimmt wird. Das betrifft vor allem die Gegenstände, die von Produzenten innerhalb der jeweiligen Region – gewissermaßen unter ständiger Kontrolle des Bestellers – hergestellt werden. Solche in aller Öffentlichkeit gezeigten Sachwerte werden nicht selten zu bestimmten Zeiten von entsprechenden Gruppen in einer Region bewußt ähnlich und nicht grundlegend anders gestaltet. Mit ihnen wird der Versuch unternommen, die Zugehörigkeit zu einer schichtenspezifischen Gemeinschaft deutlich sichtbar werden zu lassen. Zu diesen „Identifikations-Sachgütern" mit ablesbarem Regionalcharakter zählen das Haus, das Möbel und vor allem die Kleidung.

Beispiele regionalgeprägter Baukultur auf dem Lande: Die Kulturräume des Osnabrücker Artlandes, des Oldenburger Münsterlandes und des Oldenburger Ammerlandes im nordwestlichen Niedersachsen gehören zum Verbreitungsgebiet des „niederdeutschen Hallenhauses". In Ostfriesland und im friesischen Jeverland ist dagegen das „ostfriesische Gulfhaus" beheimatet. Die Genese dieser Haustypen vom Mittelalter bis in unsere Gegenwart ist durch viele fundierte Publikationen in all ihren Verästelungen entdeckt und beschrieben worden[28], wenngleich noch viele Fragen zur Nutzung der einzelnen Räume und zur Wohnkultur breitester Bevölkerungsschichten in Stadt und Land ungelöst sind.

Die derzeit auch vom Museumsdorf Cloppenburg propagierte und praktizierte quantitative Erfassung des überlieferten historischen Bestandes an Häusern und Möbeln erlaubt bereits jetzt in der ersten Auswertungsphase für manche Region Antworten auf verschiedene Fragestellungen zum Phänomen kleinregionaler Formenausprägungen in der Bau- und Wohnkultur.[29] Beispielsweise kann über die Hausgestaltung bäuerlicher Ober- und Mittelschichten des Osnabrücker Artlandes gegen Ende des 17. Jahrhunderts und im Verlauf des 18. Jahrhunderts ausgesagt werden, daß die Übernahme bestimmter Giebeltypen in einer Frühphase dieses Kulturprozesses abhängig war von der jeweiligen Ranghöhe innerhalb der „hierarchischen Ordnung", der Erbesqualität der besitzbäuerlichen Bevölkerung; denn entsprechend dem historisch gewachsenen und zu dieser Zeit noch nicht veränderbaren Sozialgefüge der „ländlichen Gesellschaft" wurden im Osnabrücker Artland zu bestimmten Zeiten von den vermögenden Bauern der besitzbäuerlichen Schicht ähnlich gestaltete Giebelformen als deutbare Signale für Wohlstand, Rang und Stand übernommen.[30] Erst in einem merklich späteren Abschnitt wurden diese repräsentativen Bauformen in zunächst reduzierter Weise auch von ländlichen Sozialschichten geringerer Erbesqualität nachgeahmt.

Für das Artland wurde nachgewiesen, daß sich diese üppige, gruppengeprägte Baukultur nur aufgrund vielfältiger, sozialkultureller und sozialökonomischer Grundvoraussetzungen entwickeln konnte. Von den vielen in den einschlägigen Publikationen aufgeführten Gründen seien hier nur einige, für die Betrachtung der historischen Kleidung und Tracht besonders relevante Aspekte herausgestellt: Im Artland und in den umliegenden Kirchspielen des Altlandkreises Bersenbrück konnten allein für das 18. Jahrhundert noch über 200 „Baumeister", also Zimmermeister, namentlich entdeckt werden.[31] Eine derart hohe Zahl an „Haus-Produzenten" auf engstem Raum war eine optimale Grundvoraussetzung dafür, eine regionale Baukultur zu entwickeln; denn das Überangebot an Handwerkern garantierte einen erschwinglichen Baupreis,und der Handwerker „aus dem Ort" konnte die Wunschvorstellungen des Bauherrn mit seinem Können in direktem Gespräch klären. Innerhalb der begrenzten Freiräume einer sich gegenseitig kontrollierenden Gemeinschaft wurden so durch eine enge, auf gegenseitigem Vertrauen basierende Kooperation von Produzent und Konsument gemeinsame Vorstellungen realisiert.

Beispiele regionalgeprägter Möbelkultur auf dem Lande: Auch am historischen Sachgut „Möbel" ist, wenn es in repräsentativen Mengen untersucht wird, ebenso wie bei der Quelle „Haus" zu beobachten, daß nur dann kleinregionale oder gruppenspezifische Kulturausprägungen auftreten, wenn sich entsprechende Produktionsstätten innerhalb der Region angesiedelt haben.

In den vom Museumsdorf Cloppenburg initiierten Pilotprojekten systematischer Möbeldokumentationen (im Artland und Ammerland) ist hierzu inzwischen ein beachtliches Quellenmaterial gesammelt und erforscht worden.[32] Für die Kulturregion Ammerland kann jetzt ausgesagt werden, daß dort schon im 16. Jahrhundert Möbel hergestellt wurden, die in ihrer Form- und Dekorgestaltung nur in diesem Gebiet anzutreffen waren; sie geben also eine unverwechselbare, eigene Formensprache zu erkennen und sind eindeutig als regionalgeprägt anzusprechen. Aber Typenanzahl und Variantenvielfalt auf dem Möbelsektor sind zu dieser Zeit noch spürbar bescheiden.[33]

Im 16. Jahrhundert gelingt es noch nicht, unterschiedliche Möbelproduktionsstätten ausfindig zu machen, die in ihrem Eigengepräge schon kleinregional, beispielsweise nur kirchspielsorientiert, arbeiten. Ein Wandel setzt hier jedoch im 17. Jahrhundert ein, und das nachfolgende 18. Jahrhundert ist die eigentliche Blütezeit kleinregionalen Kulturverhaltens. Aufgrund des historischen Möbelbestandes sowie archivalischer Belege ist nachzuweisen, daß zwischen 1700 und 1800 im Gebiet des heutigen Landkreises Ammerland weit mehr als hundert holzverarbeitende und möbelproduzierende Werkstätten arbeiteten und ausreichend Aufträge von der ländlichen Bevölkerung erhielten. Die enorme Vielzahl kreativer Produktionszentren auf dem „platten Lande" bewirkte eine kulturelle Eigenentfaltung in der ländlichen Region.

Am historischen Möbel des Ammerlandes ist aber noch ein anderes, für die Analyse des historischen Bekleidungswesens überaus bedeutendes Kulturphänomen abzulesen: Aus heutiger Sicht erstaunt es, daß viele historische Tischlereien innerhalb ein und derselben Werkstattregion ihren Kunden – wie im Ammerland geschehen – in Dekor und Form zum Verwechseln ähnliche Möbeltypen anbieten konnten. Offensichtlich stellte sich damals weder die Frage des „Rechts" auf eigenschöpferische Werkstatt-Kreativitäten, noch bestand die Gefahr, wegen „geistigen Diebstahls" angeprangert zu werden; derartige Fragestellungen sind für diese Zeitepoche wohl als ahistorisch anzusehen. Die Kunden – in unserem Fall die großen (Hausmannsleute) und die mittelgroßen (Köter) Bauern – verlangten in der Möbelausstattung also

Abb. 15: „Zweistücksmützen" mit „Goldfaden-Stickerei" aus verschiedenen Kirchenspielen des Landkreises Cloppenburg. Aufallen Hauben ist der in der Zerbster Heimindustrie vorgefertigte „geklöppelte Strich" (Scheitelnaht und Randeinfassung) aufgenäht. Viele dieser Hauben haben auch die Zerbster „Blumen-Stickerei auf Sammet" als Hauptornament. Jede dargestellte „Dreiergruppe" dieser „Cloppenburger" Hauben ist aber unterschiedlich in der Ausgestaltung der „Kopfpartie"; die „Nackenfalten" dieser Hauben wurden von der Mützenmacherin nach unterschiedlichem „Schnitt" zusammengenäht. Das charakteristische „Regionalgepräge" solcher Hauben äußert sich auch in der Art der Gestaltung des Spitzenrüschenbesatzes („weißer, plissierter Strich mit Spitze").

nicht die exzeptionelle, betont individuelle „Note", sondern erstrebten das für ihre Sozialschicht und ihre Region angemessene Mobiliar. Vermutlich signalisierte man auch durch das präsentierte Möbelstück die Identifikation mit der verpflichtenden Gemeinschaft innerhalb des Hauses, der sozialen Gruppe sowie der Region. Bis zum 19. Jahrhundert war es also für ländliche benachbarte Tischlerwerkstätten aller Wahrscheinlichkeit nach unproblematisch, Möbel in gleicher Art und Ausführung für besitzbäuerliche Schichten zu produzieren, und ebenso war es für Bauern und Köter keineswegs anstößig, mit zum Verwechseln ähnlichem Mobiliar ihre Häuser einzurichten.[33a]

Wie die Beispiele Hausbau und Giebelkunst im Artland, zeigt paradigmatisch das historische Möbel im Ammerland, daß es im ländlichen Raum in nachmittelalterlicher Zeit am Sachgut ablesbare signifikante regionale beziehungsweise kleinregionale Kulturausprägungen gegeben hat. Vor allem die Verlagerung der Produktion dieser Kulturgüter von der Stadt in den ländlichen Raum „vor die Haustür" des Verbrauchers war die entscheidende ökonomische Voraussetzung eines eigenständigen Kulturverhaltens. Die Gliederung auch der „ländlichen Gesellschaft" nach „Rang und Stand", nach „Grund und Boden" bewirkte ein Zusammenrücken „gleicher" Interessengruppen.

Die Zugehörigkeit zu einer dieser Gruppen anderen, Außenstehenden oder Mitgliedern, mehr oder minder deutlich zu signalisieren, war – ohne dies in Worte „kleiden" zu müssen – durch die Auswahl und den Gebrauch ganz bestimmter, auffälliger und oftmals auch teuerer Kulturgüter möglich. Diese mehr durch äußere Zwänge denn durch freiwillige oder unfreiwillige Zustimmung erfolgte „Einordnung" in die in der Regel überkommene Gemeinschaft oder Gruppe bedeutete keineswegs eine totale „Uniformität" kulturellen Verhaltens, sondern ermöglichte noch einen begrenzten Freiraum individueller Gestaltung, gestattete auch den Wandel gruppenspezifischer regionaler Kulturausprägungen.[34]

Dies Phänomen der Ausformung und des Wandels regionalen Kulturverhaltens sozialer Gruppen zu unterschiedlichen Zeiten ist nicht nur anhand der historischen Sachgutquelle „Haus“ und „Möbel“, sondern in ebenso markanter Weise auch an der historischen Kleidung der verschiedenen Bevölkerungsschichten in Stadt und Land nachweisbar.

Beispiele regionalgeprägten Bekleidungswesens auf dem Lande: Nicht erst durch Gottfried Kellers Novelle „Kleider machen Leute“ (1856) weiß „alle Welt“, daß der Mensch, je nachdem, wie er sich kleiden will, kann oder darf, eine faszinierende oder aber eine abstoßende Wirkung auf seine Umgebung auslösen kann.

Die Bekleidungssitten in Stadt und Land wechselten im Laufe der Geschichte schneller als die Stiltendenzen und Konstruktionen im Hausbau und als die Dekorsysteme und Nutzungstypen in der Möbelkultur. Die historische Kleidung ist ein sensibler Indikator kulturellen Wandels, beeinflußbar durch oberschichtige Modeströmungen, veränderbar durch politische, kulturelle oder religiöse Zeitströmungen, in ihrer Entfaltung bei den unterschiedlichen Sozialgruppen abhängig von den jeweiligen wirtschaftlichen Gegebenheiten, von prosperierenden Zeiten oder von Zeitabschnitten wirtschaftlicher Depressionen.

Um so erstaunlicher ist es, daß die Erforschung der historischen Kleidung breitester Bevölkerungsschichten nicht vorrangig durch den Historiker, sondern in weitaus größerem Maße durch den Kostümkundler, Volkskundler und Kunsthistoriker erfolgte. Wie auch auf anderen Gebieten der Kulturgeschichte zu beklagen[35], richtete die eine Wissenschaftsdisziplin (Kostümkunde, Kunstgeschichte) ihr Hauptaugenmerk auf das Bekleidungswesen der adeligen und bürgerlichen Oberschicht, die andere (Volkskunde) oft zu einseitig auf das der Landbevölkerung. Eine

Abb. 16: Artländer „Zweistücksmütze“ („Goldfaden“-Stickerei auf Seide): Der Kopfteil der Haube besteht aus zwei Hälften (mit grobem Leinen unterlegt), auf die die Mützenmacherin des Artlandes die beiden spiegelbildlich gleichen „Blumen-Goldstickereien“ – hergestellt in der Zerbster „Heimindustrie“ – aufgenäht hat. Über die Hauben-Mittelnaht und am Haubenrand entlang wurde der geklöppelte „Zerbster Strich“ befestigt (vgl. die Zerbster „Halbfertigwaren“ für Artländer Hauben Abb. 17, 19). Charakteristisch für „Artländer Hauben“ ist der breite, wierenverstärkte weiße Spitzenrüschenbesatz („Strich“).

Abb. 17: Geklöppelter „Golddraht-Strich“ als Halbfertigware aus Zerbster (Sachsen) Fabrikation, verhandelt über den Braunschweiger Markt nach Menslage (Artland) für sog. Zweistücks-Goldhauben. Sammlung Museumsdorf Cloppenburg

Abb. 18: Artländer „Zweistücksmütze" („Goldfaden"-Stickerei auf Samt): Der Kopfteil der Haube besteht aus zwei Hälften (mit grobem Leinen unterlegt), auf die die Mützenmacherin des Artlandes die beiden spiegelbildlich gleichen „Blumen-Goldstickereien" – hergestellt in der Zerbster „Heimindustrie" – aufgenäht hat. Über die Hauben-Mittelnaht und am Haubenrand entlang wurde der geklöppelte „Zerbster Strich" befestigt (vgl. die Zerbster „Halbfertigwaren" für Artländer Hauben Abb. 17, 19). Charakteristikum der „Artländer Hauben" ist der breite, wierenverstärkte weiße Spitzenrüschenbesatz („Strich").

Abb. 19: „Gold-Stickerei" auf Samt als Halbfertigware aus Zerbster (Sachsen) Fabrikation, verhandelt über den Braunschweiger Markt nach Menslage (Artland) für sog. Zweistücks-Goldhauben. Sammlung Museumsdorf Cloppenburg

umfassende Darstellung der historischen Kleidung aller Sozialschichten in Stadt und Land fehlt wie für fast jede Region, auch für Niedersachsen.

Sie ist jedoch eine unverzichtbare Forschungsaufgabe, deren Verwirklichung aber zugegebenermaßen viele Hemmnisse entgegenstehen, so daß es vermutlich noch länger dauern wird, bis diese Lücke in der Geschichtsforschung durch gezielte wissenschaftliche Regionalprojekte geschlossen werden kann. Haus und Möbel können bekanntlich Generationen, selbst Jahrhunderte überdauern und sind auch in beachtlichen Mengen erhalten geblieben, besonders Stein- und Eichenholzbauten sowie Eichenholz-Möbel. Das Kleid dagegen ist vergänglicher, eher verbraucht; es wird oftmals auch für mindere Nutzung zerschnitten und völlig verschlissen. Der für viele Regionen und Zeiten oftmals beklagenswert geringe „Denkmälerbestand"an historischer Kleidung ist aber nur einer von vielen Gründen für eine mangelhafte Erforschung des Bekleidungswesens. Jedoch ist dies wohl kaum der Hauptgrund für die zeitweise problematischen Tendenzen im Verlauf der wissenschaftlichen Erforschung dieser Materie.

Übersteigertes Nationalgefühl im Anschluß an die Reichsgründung von 1871, unkritischer romantisierender Rückgriff im Zeitalter des Historismus auf eine vermeintlich heile Welt des „bäuerlichen Volkes" veranlaßte Gelehrte und Politiker, Museumsleiter und Heimatforscher dazu, außer „Bauernstuben", „Bauernmöbeln" und „Bauernkeramik" auch die „Bauernkleidung", die „Tracht", in Sammlungen zu retten, durch Trachtenfeste wieder zu beleben und durch Schrift und Bild als Zeugnis einstiger großer nationaler Vergangenheit zu propagieren.

Die zur Schau gestellte „Tracht" wurde auch für den Bürger zum Inbegriff heimischer Kulturtradition. Diese Welle der Identifikation mit einer idealisierten ländlichen Volkskultur bescherte vielen Museen einen umfänglichen Fundus an historischen Kleidungsstücken und ermöglichte einigen schon im Absterben begriffenen „Trachtenregionen" ein Überleben bis ins 20. Jahrhundert.

Ein erster wissenschaftlicher Versuch, den Bestand historischer „Trachtenlandschaften" in Niedersachsen geographisch zu erfassen und den methodischen Weg wissenschaftlicher „Trachtenforschung" aufzuzeigen, ist Wilhelm Peßler zu danken, der im Jahre 1922 ein „Niedersächsisches Trachtenbuch" veröffentlichte.[36] Nachfolgende Forschergenerationen haben aus vielerlei Gründen den Plan einer Gesamtdokumentation der historischen ländlichen Kleidung Niedersachsens nicht verwirklicht. Ferner muß zugegeben werden, daß das Thema Kleidung und Tracht ländlicher Sozialgruppen in den vergangenen Jahrzehnten in der niedersächsischen Heimatliteratur wesentlich häufiger abgehandelt wurde, als in wissenschaftlichen Publikationen.

Die Erforschung der historischen Kleidung des 18. und 19. Jahrhunderts in Stadt und Land hätte während der Zeit zwischen den beiden Weltkriegen wegen eines damals noch umfangreicheren Quellenbestandes in öffentlichen und vor allem in privaten Sammlungen reichere Früchte getragen als dasselbe Unternehmen zum jetzigen Zeitpunkt.[37]

Noch aber ist es nicht zu spät, mit Hilfe eines komplexen historischen Forschungsansatzes unter Berücksichtigung aller zur Verfügung stehenden Quellengattungen (archivalische Quellen aller Art, Bildquellen, historische Objekte in Sammlungen und Privatbesitz, mündliche Befragung) befriedigende Antworten auf die wichtigen historischen Fragen zu erhalten: Welche Leute machten welche Kleider, und welche Kleider machten welche Leute?

Wie in der Möbel- und Hausforschung gilt es auch in der Kleidungsforschung Abschied zu nehmen von dem gefährlichen Kürzel, daß die ländliche Möbel-, Haus- und Bekleidungskultur gleichzusetzen sei mit Begriffen wie „Bauernmöbel", „Bauernhaus" oder „Bauerntracht"; denn es ist eine überholte Klischeevorstellung, zu glauben, die ländliche Bevölkerung bestehe nur aus einer besitzbäuerlichen und einer nicht-

Abb. 20: Detail einer Farbtafel aus dem Buch Franz Jostes, Westfälisches Trachtenbuch, 1904, Tf. IX: „Oldenburger Münsterland und Osnabrücker Artland". In der Mitte die „alte Annemeike" aus Talge bei Badbergen. Über der Artländer „Goldhaube" mit breitem Rüschenspitzenbesatz („Strich") trägt sie den Strohhut mit dem langen Band zum Festhalten. – Ganz rechts im Bild eine „junge Frau aus Damme, Oldenburger Münsterland". Auch sie trägt – wie die Artländerinnen – eine „Zweistücks-Goldhaube" mit Scheitelnaht. Die Goldapplikationen auf der Haube bestehen – wie bei den Artländer-Hauben – aus „Zerbster Halbfertigwaren" (vgl. Abb. 16, 18).

besitzbäuerlichen Schicht. Beispielsweise läßt sich anhand der Anschreibebücher ländlicher Werkstätten, also aus der Sicht der Handwerker, die Kundschaft auf dem Lande entsprechend ihrer Zahl und Kaufkraft in vier Hauptgruppen gliedern[38]: 1. Die Honoratiorenschicht. Zu ihr gehören der Landadel, Geistlichkeit, höhere Verwaltungsbeamte,Großkaufleute, Ärzte, Tierärzte, Apotheker, Advokaten, Offiziere u. dgl.; sie bilden die nichtbäuerliche Oberschicht auf dem Lande. 2. Die besitzbäuerliche Ober- und Mittelschicht gebildet aus Vollerben, Halberben und Kötern. 3. Die Gruppe der ländlichen selbständigen Handwerksmeister, Kleinkaufleute, Gastwirte, Dorfschullehrer, Küster etc. 4. Die im ländlichen Raum an sich bevölkerungsreichste Gruppe der nichtbesitzbäuerlichen Schicht der Heuerleute, Tagelöhner, Knechte und Mägde.

Die Bevölkerung in Stadt und Land nur nach Adel und Geistlichkeit, Bürgern und Bauern gliedern zu wollen, verstellt einer historischen Analyse alle tieferen Erkenntnismöglichkeiten, nicht minder problematisch ist es, Globalbezeichnungen wie „Bauerntracht", „Volkstracht", „Volkstanz", „Volksmärchen" etc. zu verwenden. In den Publikationen der Volkskunde ist seit einigen Jahren ein deutliches Bemühen um eine Differenzierung und inhaltliche Präzisierung derartiger oftmals auch ideologisch überfrachteter Begriffe zu spüren, doch ist nach wie vor die Fragestellung zu finden, ob die „Volkstracht" nicht als Spiegelbild einer „ganzheitlichen Kultur des Abendlandes" interpretiert werden kann, ob sie nicht als „zeichenhafte Kleidung einer Volksgemeinschaft, deren Sozialstrukturen sich – vor der Aufklärungsepoche und vor der Französischen Revolution – noch in gottgesetzter Ordnung begründet", angesehen werden darf.[39]

Abb. 21: Foto aus der Zeit kurz vor 1904: „Artländer in Tracht." Diese „Foto-Dokumentation" sollte als Vorlage für Farbtafeln zur Tracht des Artlandes im Westfälischen Trachtenbuch von Franz Jostes (1904) dienen. In der Mitte zwischen den „Dreispitz-Trägern" steht die „alte Annemeike" aus Talge, die über der Artländer Haube den Strohhut mit den langen Bändern zum Festhalten trägt (vgl. Abb. 20).

Hätte es in der abendländischen Geschichte je eine in dieser Richtung ausdeutbare „Volkstracht" gegeben, wäre eine phänomenale Erscheinung in der Geschichte von der Geschichtswissenschaft bis heute unentdeckt geblieben. Ein leichtfertiger Umgang mit den Begriffen „Volk" und „Tracht" kann zu großen Mißverständnissen und zu fragwürdigen Theoriebildungen führen. Es ist daher ratsam, in der mittlerweile umfänglichen „Trachtenliteratur" stets nach der Begriffsbestimmung für diesen speziellen Themenbereich der historischen Kleidung zu fragen und ihr nicht auszuweichen.[40]

„Tracht" bedeutet entsprechend der Etymologie dieses Wortes zunächst einmal nur das „Tragen" und „Getragenwerden" der Kleidung, die Art des Menschen, „seine Kleider zu tragen". Die Kleidung selbst und die Art, wie sie getragen wird, erweckt die Aufmerksamkeit des Mitmenschen – und mittlerweile auch die des Historikers. In diesem Wechselspiel von „Sehen und Gesehenwerden" bildet sich in den einzelnen Gruppen und zwischen ihnen im Verlauf des Miteinander auch im Kleidungsverhalten ein „System von Reglementationen" aus; diese Verhaltensweisen können auf der Basis von Brauch und Sitte ohne „Vorschriften" im gegenseitigen Respekt zueinander entwickelt oder aber durch „vorgeschriebenes" Zeremoniell zur verbindlichen Norm erhoben werden.

In seiner instruktiven Publikation zur Soziologie der Mode erklärt René König das brauchtümliche oder zeremonielle Verhalten sozialer Gruppen in folgender Weise[41]: „Gleichzeitig mit der Entfaltung des sozialen Grundcharakters der

Menschheit in bestimmten historischen Gesellschaften finden wir die Ausbildung von spezifischen Gleichförmigkeiten des Verhaltens. Diese beginnen mit einfachsten Gewohnheiten und Bräuchen und steigen dann schnell an über die Sitte bis zum Recht. Dabei wird nicht nur der Gebotscharakter dieser Ordnung immer ausgeprägter, sondern auch die Bewußtheit, mit der ein besonderes Verhalten gefordert wird. Bei den Bräuchen werden wir zur Befolgung angehalten, einfach weil sie in Brauch sind, ohne daß man eine weitere Begründung dafür geben könnte. Bei der Sitte gibt es schon eine deutlichere Begründung: Wir befolgen die Sitte, weil unsere Ahnen sie befolgt haben. Das Recht erscheint schließlich mit dem höchsten Rechtfertigungsausweis, den die menschliche Gesellschaft kennt, indem es regelmäßig von religiösen Kräften getragen wird, die entweder unmittelbar von einem göttlichen Gesetzgeber stammen oder von einem Kulturheros, der im Auftrage eines Gottes das Gesetz formuliert. Dieser Skala, die mit gedankenlos befolgten Bräuchen beginnt und bei den Rechtsideen endet, entspricht auch eine verschiedene Ausgestaltung der Sanktionen, die bei Abweichung von den Regelungen in Wirksamkeit treten." ... „Zeremonielles Verhalten besagt ganz einfach, daß es bei irgendeiner Haltung nicht nur auf das ‚Wie' ankommt".

In der Art, wie man sich kleidet, kann man sich also sehr unterschiedlich ausrichten nach der eigenen Gruppe, nach dem Zeremoniell der Gesellschaft bei Hofe, nach dem Brauchtum der Kirche, nach der herrschenden Mode etc. Die Kleidung, die als Zeichen für eine ökonomische, soziale und kulturelle Einheit innerhalb ihrer Trägergruppen gewählt wird, kann als „Tracht" angesprochen werden. Dieser Begriff kann daher folgendermaßen definiert werden[42]: Das Tragen einer Tracht ist als ein bewußt gepflegtes oder unbewußt geübtes „brauchtümliches Verhalten" bestimmter Sozialgruppen mit signalhafter Wirkung anzusprechen, wobei die Tracht – ganz im Gegensatz zur Uniform – dem Träger dieser ‚Sozialgruppenkleidung' einen gewissen

Abb. 22: Artländer Bauer, gemalt am 4. August 1767 im Alter von 70 Jahren, Kirchspiel Menslage

Spielraum in der Individualausstattung erlaubt. Tracht ist gewissermaßen der Kleidungsstil einer bestimmten geographisch oder sozial miteinander verbundenen Gruppe innerhalb der menschlichen Gesellschaft. Dieser Begriff der Tracht ist dem der Kleidung unterzuordnen, wie das Bauernhaus dem Oberbegriff Haus.

Kleiderordnungen als Antiluxus-Gesetze: Eine der immer wieder gestellten und nur selten befriedigend beantworteten Fragen in der Trachtenforschung ist die, seit wann auf dem Lande in einem bestimmten Gebiet eine gruppenspezifi-

Abb. 23: Justus Möser, gemalt von Ernst Gottlieb, 1777

sche Kleidung erkennbar wird. Auf der Suche nach ursächlichen Faktoren, die zur Trachtenbildung geführt haben könnten, wird immer wieder auf die Kleiderordnungen deutscher Städte und Fürsten verwiesen, die zwischen 1350 und 1700 in beachtlicher Zahl erlassen worden sind.[43]

Um die mittelalterliche sozialhierarchische Ständeordnung zu erhalten und auch nach außen zu bekunden, bemüht sich die Obrigkeit, den verschiedenen Bevölkerungsgruppen in Stadt und Land das ihnen zustehende, Rang und Stand signalisierende Kleid durch Verordnungen vorzuschreiben. Diesen Kleidergesetzen liegen vor allem vier Motive zugrunde[44]: „Sie zielten darauf, den gottgesetzten Geboten gegen alle Hoffart zu genügen, die gegebene ständische Gliederung zu bewahren, der individuellen Verschwendungssucht zu wehren und – im Sinne einer merkantilistischen Wirtschaftsauffassung – den Verbrauch ausländischer Waren zu mindern. In diesen Verordnungen war die Landbevölkerung durchweg in den unteren Gruppen der Gesellschaftsskala eingegliedert und hatte sich dementsprechend mit einfachen Materialien zu begnügen."

Den beschränkten Aussagewert der Kleiderordnungen für die Kostümkunde und die begrenzte Auswirkung dieser Gebote auf das Kleidungsverhalten der angesprochenen Sozialgruppen in Stadt und Land räumt L. C. Eisenbart ein[45], wenn sie in ihrer Monographie zu diesem Thema u. a. formuliert: „Die Kleiderordnungen geben nur wenig Auskünfte über Schnitt und Länge der Kleider, über Zubehör und Besatz, Ärmelform, Schleppen und Ausschnitte"...„Doch alle Versuche, die ständigen Übertretungen zu steuern, mußten letztlich scheitern. Die Wandlung des Zeitstiles und des Geschmackes, der Wechsel der Moden, der Stoffe und Formen ist durch keine Verordnung aufzuhalten; und kein noch so ausgeklügeltes Gesetz vermag das Bedürfnis des Menschen nach Absonderung und Nachahmung, nach Auszeichnung und Anpassung zu zerstören oder auch nur tiefer zu beeinflussen. Konservativ bis zur Rückständigkeit, waren die Kleiderordnungen schon im Augenblick ihrer Entstehung überholt. Und selbst da, wo sie mit einiger Fügsamkeit aufgenommen wurden und nicht nur auf spitzfindige Umgehung und obstinate Nichtachtung stießen, wurden sie bald unterhöhlt und fortgespült von der geschichtlichen Entwicklung. Die Kleiderordnungen selbst sprechen von der Vergeblichkeit aller Kleiderordnungen."

Es ist geradezu ein Charakteristikum aller Kleiderordnungen, „das den einzelnen zustehende Kleid" nicht exakt zu beschreiben, nicht zu normieren, sondern nur bestimmte luxuriöse Stoffe oder überaus wertvolle Accessoires der Mode bestimmten Schichten der Bevölkerung zu verbieten. Die Kleiderordnungen vermitteln keine Orientierung, wer sich wie nach Rang und Stand zu kleiden hat, sondern nur, wer was nicht tragen darf. Die historischen Kleidungsordnungen sind nur „Antiluxusgesetze".

Stellvertretend für die große Zahl überlieferter Kleiderordnungen sei aus einer der allerletzten zitiert, die überhaupt noch in Norddeutschland erlassen wurden, und zwar aus einer Kleiderordnung, die auf Beschluß der Bauerschaften der Vogtei Drebber im Amt Diepholz (nordwestliches Niedersachsen) mit dem 3. März 1818 erlassen wurde[46], und der sich weitere umliegende Bauerschaften anschlossen. Es heißt dort u. a.: „Folgende Artikel wären es, die fernerhin aus der Kleidertracht, als unnützen Staat gänzlich wegfallen sollten und müßten: Bei den Frauensleuten 1) sammetne, sammet-manchesterne und seidene Hüte mit Spitzen und Band; 2) Cachemir Umschlagetücher; 3) seidene Kleider, Schürzen und Mäntel; 4) alle Tücher um den Hals, über zwei Ellen groß; 5) alle Spitzen, Fransen und Borden um Tücher, Kleider, Schürzen und Mäntel; 6) Florkappen; 7) Mützen mit Gold und Silber besetzt, oder damit gestickt; 8) goldene und vergoldete Halsgeschmeide; 9) silberne Schuhschnallen; 10) goldene und vergoldete Ohrringe, in sofern jemand nicht beweisen könne, daß das Tragen derselben ihm der Gesundheit wegen verordnet worden." Verboten ist „Bei den Mannspersonen 1) mit Silber beschlagene Pfeifen und silberne Ketten daran; 2) silberne Schuhschnallen; 3) goldene und silberne Uhr-

Abb. 24: „Manteau-Kleid" aus Seidenbrokat, Robe mit Watteaufalten, Jupe aus gleichem Stoff, Herkunft von einem Bauernhof aus dem Kirchspiel Löningen, um 1760, vergleiche S. 42

ketten und Pettschaft; 4) silberne und übersilberte Sporen; 5) seidene und gestickte Westen; 6) Kragenmäntel".

Der Text dieses späten Kleidergesetzes verdeutlicht einmal mehr, daß aus derartigen „Nur-Verbotsanordnungen" nicht das Entstehen einer regional geprägten Sozialgruppenkleidung erklärt werden kann. Dagegen können die einzelnen Kleiderordnungen aber wohl signalisieren, welche „Kleider-Luxusartikel" zu einer bestimmten Zeit von den verschiedenen Bevölkerungsgruppen bevorzugt angeschafft wurden; denn im Sinne eines Ambivalenzverhältnisses darf mit Sigmund Freud gefolgert werden: „Wo ein Verbot vorliegt, muß ein Begehren dahinter sein."

Die Diskrepanz zwischen Absicht und Wirkung

der Kleidergesetze ist symptomatisch für viele Gebiete der Kultur und Wirtschaft im ländlichen Raum zu damaliger Zeit, z. B. für den Hausbau: Trotz zahlreicher Gesetze des Osnabrücker Landesherrn gegen den zu „üppigen" Einschlag von Bäumen, floriert die „Fachwerk-Konjunktur" im Osnabrücker Artland ungebremst.[47] Ähnliches gilt für die Wirtschaftsstruktur: Obwohl viele Tischlerzünfte in den Städten der Weser-Ems-Region amtlich verbriefte Vorrechte in ihren Amtsladen liegen haben, die den Tischlern auf dem „platten Lande" ein konkurrierendes Gewerbe untersagen, errichten Landhandwerker im 17. und 18. Jahrhundert in fast jedem Dorf und sogar in den Bauerschaften Werkstätten.[48] Die Zahl der Tischler auf dem Lande in Nordwestdeutschland übersteigt im 18. Jahrhundert die der Stadttischler. Überhaupt ist im 18. Jahrhundert die Gesamtzahl der Handwerksbetriebe im Bereich des holzverarbeitenden Gewerbes auf dem Lande wesentlich höher als in der Stadt; denn der ländliche Raum ist zu dieser Zeit ein attraktiver Wirtschaftsraum für viele und sehr unterschiedliche Handwerkszweige geworden.[49]

Abb. 25: Caraco-Jacke aus grüner, geblümter Seide, von einem Meierhof des Kirchspiels Badbergen, Ende 18. Jhdt., Sammlung Museumsdorf Cloppenburg

Gerade im 18. Jahrhundert lassen sich in den kleinen Städten, Flecken und Dörfern auch Spezialhandwerker nieder, die im 17. Jahrhundert ihre Arbeitsstätten in der überwiegenden Zahl noch in den Städten hatten.[50] Die zu große Konkurrenz in der Stadt und die offensichtlich ausreichende Verdienstmöglichkeit im ländlichen Raum zwingt zu neuer Marktorientierung. Folgende Handwerke geraten im 18. Jahrhundert zunehmend in den Sog einer Abwanderung in den ländlichen Raum: Gold- und Silberschmiede, Zinngießer, Kupferschmiede, Uhrmacher, Glaser, Posamentierer, Blaufärber, Schneider, Hutmacher; selbst Tanzmeister, Fernhandelskaufleute und „Bankiers" sind zu dieser Zeit in Kleinstädten keine Seltenheit mehr.[51] Viele der genannten Berufe sind mittelbar oder unmittelbar auch mit der Herstellung oder dem Handel von Kleidung oder Kleidungsstücken beschäftigt. Die Folge war, daß fast alle modischen Stoffe der Zeit und aller Zubehör für vornehme Kleidung ohne längere beschwerliche Reisen in der Region selbst erworben werden konnten.

Dieser Wandel zu einer verbesserten Angebotssituation des Handels im ländlichen Raum, vor allem im 18. und frühen 19. Jahrhundert, ist eine der Grundvoraussetzungen dafür, in der jeweiligen Region auch ein kulturelles Eigengepräge entstehen zu lassen. Dadurch, daß der Produzent über den Händler Kleidung in fast allen Qualitätsstufen „vor Ort" dem Konsumenten direkt anbieten kann, sind die Zielvorstellungen bestimmter Gruppen mit einer großen Angebotsvielfalt abstimmbar und kann regional eigengeprägte „Sozialgruppenkleidung", kann ländliche Tracht kreiert und produziert werden.

Dieses einander bedingende sozialökonomische

und sozialkulturelle „Gesellschaftsspiel" wird im 18. Jahrhundert in der Regel durch landesherrliche Verordnungen nicht mehr gestört, wenngleich auf die eine oder andere Ausnahme aufmerksam gemacht werden kann: So verbot zum Beispiel das sogenannte Kleidungsedikt des Fürstbischofs Wilhelm Ferdinand von Münster (1764) für das Ober- und Niederstift den unteren Ständen das Tragen ausländischer Stoffe sowie allen Gold- und Silberschmucks bis auf Kreuzanhänger und Ehering. Der Erbkämmerer und Freiherr von Galen, Inhaber der kleinen Herrlichkeit (Kirchspiel) Dinklage, zwang seine ihm unterstellten Untertanen, dieses Edikt genauestens zu befolgen, so daß es in der Folgezeit auch tatsächlich zu Gerichtsverhandlungen wegen Übertretens dieser Kleiderordnung kam.[52]

Eine Kontrolle der Lebensgewohnheiten und Wirtschaftsverhältnisse der ländlichen Bewohner war dann unvermeidbar und erfolgte offensichtlich dann konsequent und „vorschriftsmäßig", wenn die zuständige „Herrschaft" direkt „am Ort" ansässig war. Je weiter entfernt dagegen die „Obrigkeit" angesiedelt war, desto ungestörter konnte sich in einer Region kulturelle Eigenart entfalten. Für die Mehrzahl aller Herrschaftsbereiche im Weser-Ems-Gebiet gilt, daß der jeweilige Residenzsitz der Dynasten außerhalb dieser „Außenbezirke" beheimatet war: Das Fürstbistum Osnabrück war im 18. Jahrhundert ein Teil des Königreichs Hannover, das mit England in Personalunion verbunden war. Das Niederstift Münster (die alten Ämter und späteren Landkreise Vechta, Cloppenburg, Aschendorf/Hümmling, Meppen) gehörte zusammen mit dem Oberstift Münster zum Hochstift und wurde von Münster aus verwaltet. Das Ammerland war ein Teil der Grafschaft Oldenburg, dessen Verwaltung im 17. und 18. Jahrhundert durch die Dänische Regierung von Kopenhagen aus dirigiert wurde. Mit dem Jahre 1744 wurde Ostfriesland dem Königreich Preußen angegliedert und entsprechend durch die Zentrale in Berlin gelenkt. Kleine Herrschaftsgebiete wie das oben genannte Dinklage waren die Ausnahme. Insgesamt war die kulturelle Eigenständigkeit der ländlichen Bevölkerung wenig eingeengt.

Es stellt sich nun die Frage, ob und wann die ländliche Bevölkerung in den genannten Regionen ein Eigengepräge im Kleidungsverhalten entwickelte, und ob und wie intensiv die vor-

Abb. 26: „Dreispitz", Ende 18. Jhdt., Kirchspiel Badbergen, Sammlung Museumsdorf Cloppenburg

Abb. 27: Gestrickte blaue wollene Zipfelmütze, Kirchspiel Badbergen, Sammlung Museumsdorf Cloppenburg

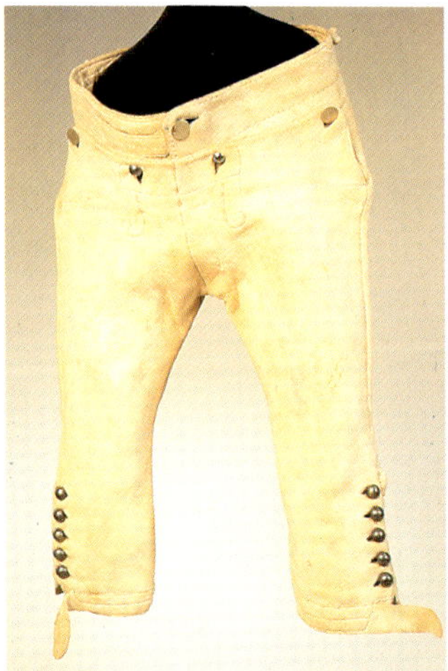

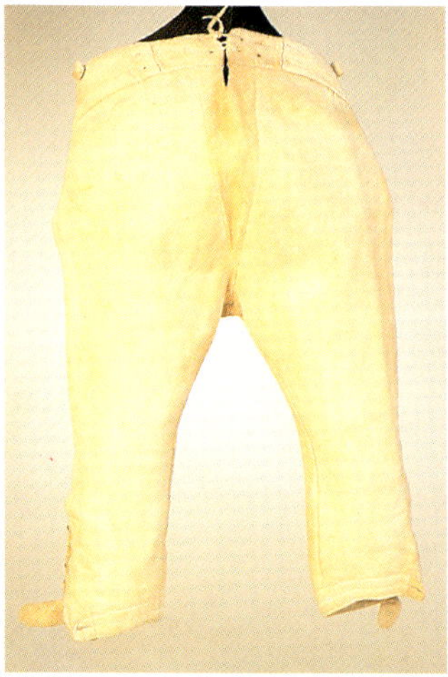

Abb. 28: Kniebundhose, Ende 18. Jhdt., aus weißgelbem Leder, silberne Hosenknöpfe, Kirchspiel Badbergen, Artland, Sammlung Museumsdorf Cloppenburg

Abb. 29: Silberne oder goldene Knäufe Artländer Spazierstöcke (Malakka-Rohr), 1780–1820, Sammlung Museumsdorf Cloppenburg

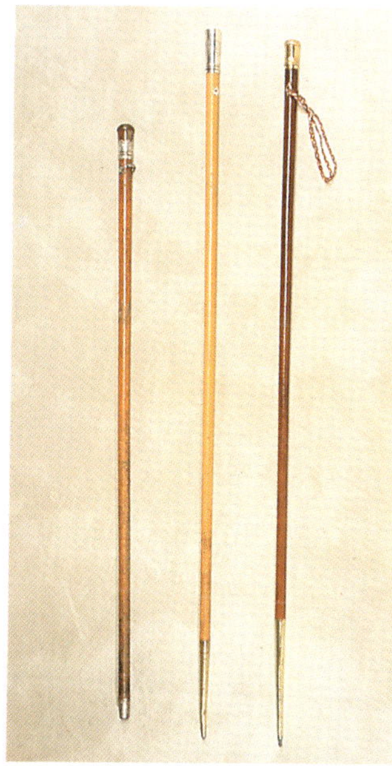

Abb. 30: Spazierstöcke aus Malakka-Rohr (Spanisch-Rohr), mit silbernen oder goldenen Knäufen, Kirchspiel Badbergen, Artland

herrschende Mode die Kleidung bestimmter Sozialgruppen in diesen Gebieten zu beeinflussen vermochte.

Zur Geschichte der ländlichen Kleidung im Osnabrücker Artland (18./19. Jh.): Das Osnabrücker Artland wird seit der Neuzeit von den drei protestantischen Kirchspielen Badbergen, Gehrde und Menslage gebildet und ist aufgrund der besonderen Ertragsfähigkeit des Bodens im Laufe seiner Geschichte zu einer blühenden ländlichen Kulturregion mit einer stark prosperierenden besitzbäuerlichen Oberschicht geworden.[53] Das Artland war Teil des Fürstbistums Osnabrück.

Mit dem Westfälischen Frieden von 1648 wurden für das Territorium des Fürstbistums Osnabrück wesentliche Entscheidungen von „raumfremden" Mächten bestimmt. „Eine selbst für das Heilige Römische Reich merkwürdige Kompromißformel schuf hier das einzigartige Zwittergebilde eines geistlichen Staates, dessen Fürstbischöfe abwechselnd katholisch und protestantisch waren, und zwar die Protestanten jeweils aus dem welfischen Hause. 91 Jahre der Zeit von 1649 bis 1802 war das Fürstbistum durch drei welfische Landesherren mit Hannover – und dadurch (nach 1714) mittelbar auch mit England – verbunden, davon zwei Jahrzehnte (1679–1698) in Personalunion und weitere 23 Jahre durch Okkupation und vormundschaftliche Regierung (1760–1783). Während dieser drei Perioden war das Land praktisch in die hannoversche bzw. englisch-hannoversche Politik eingegliedert. In ähnlicher Weise fand es sich auch unter den drei katholischen Bischöfen, die in diesem Zeitraum insgesamt 63 Jahre hindurch die Landesherrschaft ausübten, mit fremden Hausinteressen und – infolge der damals üblichen Bistumskumulierungen – mit der Politik anderer Bistümer verbunden. Mit der Säkularisation der geistlichen Fürstbistümer im Jahre 1803 wurde wie Münster auch das Fürstbistum Osnabrück (die späteren Landkreise Melle, Wittlage, Bramsche sowie Stadt und Landkreis Osnabrück) aufgelöst und fiel als der wichtigste Teil des späteren Regierungsbezirkes Osnabrück an Hannover."[53a]
Da das Fürstbistum Osnabrück im Jahre 1806 dem Königreich Westfalen und ab 1811 dem Französischen Kaiserreich zugeschlagen wurde, machte auch das Artland kurz hintereinander einen zweifachen Herrschaftswechsel mit, um schon im Jahre 1813 wieder einen Wechsel, und zwar zum Königreich Hannover, zu vollziehen.
Das Osnabrücker Artland im nordwestlichen Niedersachsen zählt also auch zu den Regionen, die über einen längeren Zeitraum hinweg von „raumfremden" Mächten regiert wurden.
Die Kostümkunde weiß zu berichten, daß in der zweiten Hälfte des 18. Jahrhunderts, im Zeitalter der Aufklärung, ein bedeutender Umschwung in

der Mode stattfand. Aufschlußreiche Publikationen über diese Trendwende im Kleidungsverhalten vieler Bevölkerungsschichten in Stadt und Land verdanken wir Martha Bringemeier.[54] Als besonders engagierter Verfechter der neuen Kleidung, unter der Bezeichnung „englische Aufklärungskleidung" in der Kostümliteratur detailliert beschrieben, gilt der in seiner Zeit hochgeachtete Osnabrücker Staatsmann und Gelehrte Justus Möser.[55] Nach M. Bringemeier gehörte die Sympathie Mösers wie überhaupt der führenden Schichten „der Englischen Mode, nicht um England gegen Frankreich auszuspielen, nicht aus politisch-völkischem Denken…, sondern aus vielfältigen Antrieben, teils religiös-philosophisch-ästhetischer, teils praktisch-bäuerlicher Art, auch aus ökonomisch-kommerziellem, merkantilistischem Denken. Jeder war in den großen Umbruch der Zeit einbezogen"[56].

Daß Staatsmann und Bauer im Fürstbistum Osnabrück in der zweiten Hälfte des 18. Jahrhunderts nicht grundsätzlich anders gekleidet waren, beweist die Gegenüberstellung zweier fast zeitgleicher Bilder, des von Ernst Gottlob 1777 gemalten Portraits von Justus Möser (Abb. 23) sowie des von einem anonymen Maler im Jahre 1767 gemalten Artländer Bauern aus dem Kirchspiel Menslage (Abb. 22).

Der Rock des Staatsmannes – vermutlich ein Alltagsrock – zeigt zwar noch Anklänge an den Justaucorps, den charakteristischen Überrock des Barock und Rokoko (lange Knopfreihen, breite Ärmelaufschläge, große Taschen mit mächtigen Taschenklappen), hat aber kaum noch Schmuck oder Spitzenbesatz. Die Knöpfe am Rock und an der Weste sind nicht mehr klein und halbkugelig, sondern groß und flach und nur noch durch Stickerei geschmückt. Auch die spürbare Tendenz im Schnitt zur Schlankheit – sie ist ebenfalls an den Ärmeln und an der Weste zu beobachten – kennzeichnet diesen Rock als Typ des „habit à la française".[57] Dieser Anzugtyp ist in seiner Gesamtwirkung ohne das Hemd, das in der offenen Weste und an den Ärmeln sichtbar wird, unvollständig. Den eigentlichen Halsabschluß bildet der weiche Hemdkragen bzw. eine um ihn geknüpfte Halsbinde. Spitze ist nur noch sichtbar an den Handmanschetten (Handkrause) sowie am Einstecktuch, dem „Jabot" (am Brustschlitz des Hemdes). Das Gesicht dieses Gelehrten ist glattrasiert, das Haar nach hinten gekämmt, zu einem Zopf geflochten und mit einer Schleife gehalten; langgestreckte Schläfenlocken liegen seitlich über den Ohren.

Das um zehn Jahre ältere Bild des Artländer Bauern (Abb. 22) zeigt, daß er gleichfalls einen Überrock trägt, der im Schnitt mehr dem „Habit" als dem „Justaucorps" ähnelt. Der Bauer wurde offensichtlich in Sonntagskleidung gemalt, entsprechend wirkt seine Kleidung auch festlicher und im Stoff kostbarer als die des Justus Möser. An Beiwerk aber fehlt diesem Bauern die „Spitzen-Handkrause" sowie das Einstecktuch. Nur in der Haarfrisur beider Männer zeigt sich ein gravierender Unterschied: Im Gegensatz zum Zopf des Staatsmannes fällt das ungescheitelte, nicht gelockte volle Haar des Bauern nach hinten gekämmt lang herab und liegt noch auf den Schultern auf.

Die Kleidung dieses Bauern der Artländer Oberschicht weist in keinem Teil, auch nicht im Beiwerk, regionaltypische, trachtenmäßige „Erkennungszeichen" auf; der Mann ist gekleidet wie ein vornehmer Bürger seiner Zeit und weder als Bauer noch speziell als Artländer Bauer kostümkundlich abgestempelt.

Nicht durch historisches Bildmaterial, wohl aber durch historische Sachzeugnisse kann einiges über die auf dem Artländer Bild fehlende Hosen- und Beinkleidung ausgesagt werden, die in dieser Zeit von den oberschichtigen Bauern des Artlandes getragen wurde. Zum „Habit", dem Überrock, gehörte stets ein Beinkleid, die Kniebundhose oder „Culotte“[58] aus Stoff oder aus weißgelbem Leder (Abb. 28). Auch ihr Sitz wird, wie der des Rockes in der zweiten Hälfte des 18. Jahrhunderts immer straffer. An den Knien wird die Bundhose mit Knöpfen geschlossen und durch silberne Schnallen (als Schnallenverschluß) geschmückt. Der mit Knöpfen verschließbare Schlitz wird um 1750 von einer breiten Klappe abgelöst, die am Bund festgeknöpft wird. Der Hut für den Ausgang bleibt für die bäuerliche Kleidung wie für das höfische und bürgerliche Kostüm der „Dreispitz“. Für den nötigen festen Sitz der Halbschuhe sorgt die durch eine Lasche über das Vorderblatt gezogene Metallschnalle, welche auch im bäuerlichen Bereich bevorzugt als luxuriöse Silberschnalle gearbeitet ist.

Historisches Bildmaterial, das uns die Kleidung der Artländer Frauen im 18. Jahrhundert überliefert, ist bislang nicht entdeckt worden. Einzelne erhaltene Kleidungsstücke aus dieser Region stammen erst aus der Zeit des ausgehenden Jahrhunderts und geben nur Hinweise zum Kleid der Frau in diesem Zeitabschnitt.

Markantestes Merkmal der weiblichen Mode um 1750/60 war der weitabstehende Reifrock, zu dem in bewußtem Gegensatz der mit Hilfe eines Korsetts geschnürte Oberkörper kontrastierte. Die beiden Hauptkomponenten des Frauenkleides waren das aus dem Mieder mit darangearbeitetem Rock bestehende Obergewand, die Robe, jetzt vielfach „Manteau“ genannt[59], und der im vorderen Rockausschnitt sichtbar werdende untere Rock, die „Jupe“, bei der oft nur eben dieser sichtbare Teil reich ausgestattet war. Die Robe hat nun vom Nackenausschnitt an bis in die Schleppe hinein auf dem Rücken eine oder zwei breite Falten, später auch „Watteaufalte“ genannt.

Belege für „Manteau-Kleider“ sind aus dem Artland nicht bekannt, wohl aber aus dem angrenzenden Oldenburger Münsterland (Abb. 24). Das gegen Ende des 18. Jahrhunderts in bürgerlichen Kreisen immer mehr in Mode kommende zweiteilige Kleid mit taillierter Jacke, kurzen Rockschößen und halblangen Ärmeln (die sogenannte Caraco-Jacke) hat hingegen nachweislich auch im Artland in den bäuerlichen Oberschichten Eingang gefunden, denn Caracojakken sind hier in großer Zahl überliefert (Abb. 25). Aber weder durch Form und Schnitt noch durch Stoffart signalisieren sie eine bäuerliche Herkunft.

Im Vergleich zu manch anderen Regierungen in Niedersachsen hat es im Fürstbistum Osnabrück eine ausgesprochen „milde“ Kleiderordnung gegeben, da dem „Fleißigen“ durchaus erlaubt war, mit „seinen wohlerworbenen Reichtümern zu glänzen“, wie es Justus Möser formulierte.[60] Allerdings war es dem Käufer und Krämer durch Gesetz vom 4. April 1766 nachdrücklich untersagt, „goldene oder silberne Tressen, Spitzen und seidene Zeuge“ auf „Borg oder Credid“ zu kaufen bzw. zu verkaufen.[61] Nur wer über genügend bares Geld verfügte, konnte sich also diese Luxusgüter leisten. Somit war es einer vermögenden ländlichen Oberschicht nicht verwehrt, eine kostbare, für sie erschwingliche Kleidung anzuschaffen.

Ob die standesbewußten Artländer Bauern schon in der zweiten Hälfte des 18. Jahrhunderts irgendwann in ihrer Kleidung zu einem unverwechselbar eigenständigen, regionalgeprägten „Stil“ gefunden haben, ist beim derzeitigen Stand der Kleiderforschung noch nicht zu entscheiden.

Eine Antwort auf diese kulturhistorisch wichtige Frage suchte die Artländer Region selbst zu geben, als sie im Jahre 1905 (ein Jahr nach dem spektakulären Scheeßler Trachtenfest[62]) ein eigenes großes Trachtenfest mit überregionalem Echo in Szene setzte. In dem zu dieser Veranstaltung herausgebrachten „Trachtenführer“ steht dann auch beschrieben, was als „Artländer Tracht“ angesehen wurde; dort heißt es u.a.[63]:

„Zur Frauentracht gehörten die Jacke, „Taille“ und der Rock, die häufig in kontrastierenden Farben getragen wurden. Die Jacke war meist nur taillenlang, anliegend gearbeitet, mit halblangen bis kurzen Ärmeln, zu denen man weiße, bis zum Handgelenk reichende „Vormauen“ trug. Unter der „Taille“ legte man eine „Schnürbrust“ mit Fischbeinstäbchen an. Im Ausschnitt trug man ein weißes Tuch, oben mit Halskrause versehen. Ein seidenes oder halbseidenes Umstecktuch, bunt und weiß, bei Trauer schwarz, wurde zum sonntäglichen Kirchgang und bei hohen Festen umgelegt. Die breiten, bis zum Rocksaum reichenden Schürzen waren ebenfalls aus Seide oder Halbseide in Weiß-Schwarz oder farbig. Die Strümpfe waren fast immer weiß, aus Leinengarn, vereinzelt auch aus Seide und Baumwolle angefertigt. Dazu trug man niedrige, weit ausgeschnittene Schuhe, die entweder mit Kreuzbändern befestigt wurden oder mit silbernen Schnallen versehen waren. Als Schmuck hatte man Bernsteinketten oder Ketten aus Gold oder Silber, an denen mit einer Schleife ein Medaillon oder ein Kreuz hing. Dazu trug man runde Ohrringe in Filigranarbeit. Die Artländer „Mütze“, „dat Puß“, ist eine Zweistücksmütze, bei der die Naht mitten über dem Kopf von der Stirn bis zum Nacken verläuft. Sie ist aus farbiger Seide oder auch aus Samt gearbeitet und hat starkes Leinenfutter. Mittelnaht und Rand sind mit Brokatspitze belegt. Die Mützen für Frauen sind außerdem noch in Silber oder Gold gestickt. Das „Bindken“ ist aus Silber- oder Goldlitze, und die Schleifenenden hängen hinten etwa 20 cm lang herunter. Rund um die Mütze ist ein breiter, plissierter weißer Strich eingenäht, der durch mehrere Reihen Drähtchen, „Wieren“, in seiner Form gehalten wird. Bei Trauer war die Mütze aus schwarzem Samt und unbestickt. Zum Schutz der Mütze trug man wohl einen großen, schwarzen „Formhut“ mit breitem Rand und verziert mit Bändern und schwarzen Federn. Er wurde an einem vorn herabhängenden Sturmband festgehalten. Die „Mädchenmützen“ waren unbestickt. An Sonn- und Feiertagen trugen die Mädchen zum Kirchgang Mützen aus weißem Tüll, die in der Form den in Ankum getragenen, gestickten Frauenmützen gleichen. Die Männer gingen in Kniebundhosen, weißem Leinenhemd mit breitem Kra-

Abb. 31: Artländer Tanzgruppe in historisierender Werktagskleidung auf dem Trachtenfest im Jahre 1905; ganz rechts im Bild die „Tanzmeister“ Ortland, sen. und jun., aus Badbergen

gen, zweireihiger, sehr langer Weste aus Seide, Plüsch oder Samt, aber auch aus Piqué oder Leinen. Unter den Hemdkragen knotete man ein schwarzseidenes Halstuch. Die jungen Leute trugen über der Weste ein etwa gleichlanges „Kamisol“ aus blauem Tuch oder Wollstoff, die älteren und die wohlhabenderen eine ebenfalls blaue frackähnliche Jacke. Diese reichte vorn kaum bis zur Taille und ließ noch ein ziemliches Stück der langen Weste sichtbar werden. Hinten hatte sie zwei lange, bis über die Kniekehlen herabreichende Schöße, nach denen sie „Schwalbensteert“ genannt wurde. Bei schlechtem Wetter hatte man rote Röcke, die etwas vollständiger geschnitten waren, oder solche aus Leinen mit Schafsfellen gefüttert in Form eines Paletots. Vielfach wurde auch zum Schutz der Sonntagskleider ein blauer Leinenkittel getragen, doch legte man diesen vor dem Kirchgang im Kirchorte in dem Hause, wo Einkehr gehalten wurde, ab. Als Kopfbedeckung hatte man sonntags den schwarzen Dreispitz aus Filz, der aber zwischen 1820–30 vom Zylinder verdrängt wurde. Werktags hatte man gewirkte, blauweiße Zipfelmützen oder solche aus grünem Tuch mit einem Rand und an der Spitze einen „Pflunk“ aus Pelz. Später kamen stattdessen Schirmmützen aus Tuch in Mode.“

Die einzelnen von W. Hardebeck 1905 im Trachtenführer beschriebenen und auf dem Trachtenfest vorgeführten Kleidungstücke sind in dieser Form in der Tat im Artland getragen worden (Abb. 31, 32); nicht belegt ist jedoch, welche Teile dieser Kleidung von welcher bestimmten Artländer Schicht wann getragen wurden, d. h. ihre richtige Kombination ist unbekannt. Offen bleibt z. B. die Frage, ob zum beschriebenen „Caraco-Kleid“ aus dem Ende des 18. Jahrhunderts von den Artländer Frauen schon die sogenannte „Osnabrücker Goldkappe“ in Form der Zweistücksmütze aufgesetzt wurde, und ebenso wenig ist eindeutig festzustellen, ob die aufgezählte Kombination der Männertracht wie Knicbundhose, Frack und Dreispitz tatsächlich zur gleichen Zeit üblich war.

Zeitgenössische Bilder, die dies eindeutig belegen könnten, fehlen aber noch für das 18. Jahrhundert. Für die Zeit nach 1815 jedoch sind dank der „Silhouettierkunst“ eines Caspar Dilly historische Bildbelege in erfreulich großer Zahl vorhanden.

Die hier vorgestellten und erläuterten Dilly-Bilder erlauben für die Männerkleidung der bäuerlichen Artländer Oberschicht die Feststellung, daß in der Zeit um 1815 bis 1820 ein spürbarer

Abb. 32: Artländer Tanzgruppe in historisierender Sonntagskleidung auf dem Trachtenfest im Jahre 1905

Wandel in der Kleidungsmode eingetreten ist. Die „Großvater-Generation“ dieser Region bewahrt in der Frisur den langen Haarschnitt, wie er auch gegen Ende des 18. Jahrhunderts hier im ländlichen Bereich üblich war (Abb. 22), trägt auch weiterhin die traditionelle Kniebundhose (Culotte) mit silberner Bundschnalle, Wollstrümpfe und Halbschuhe mit Laschen und großen Silberschnallen; als Überrock wählt sie nicht mehr den altmodischen „Justaucorps“ aus der Zeit der ersten Hälfte des 18. Jahrhunderts, sondern den schon zeitgemäßeren „habit à la française“. Modisch auf der Höhe der Zeit ist diese Generation aber bezüglich der Kopfbedeckung, denn es wird von ihr – auf Dilly-Bildern deutlich angezeigt – nur noch der Zylinder und nicht mehr das Signum des Ancien-Régimes, der Dreispitz, aufgesetzt.

Die jüngere Artländer „Vater-Generation“ entscheidet sich dagegen zur gleichen Zeit in der großen Mehrzahl für die neue Kleidungssitte, die durch die Aufklärungs- und die französische Herrschaftsepoche weiteste Verbreitung erfährt: für Zylinder, Frack, enganliegende Pantalonhose (ohne Kniebundschnalle) und Stiefel.

Die dritte Generation der Artländer „Bauernsöhne“ wiederum weicht in ihrem sonntäglichen Bekleidungsstil in einigen Ausstattungsstücken von dem ihrer Väter ab. Der Zylinder als Kopfbedeckung ist zwar auch für sie verbindlich, aber statt des Fracks mit langen Schößen bevorzugt sie die Jacke mit kurzen Schößen, das „Kamisol“ sowie statt der Pantalons die Röhrenhosen. In der Haarfrisur gleichen sich Väter und Söhne, denn sie tragen die Haare kurz und lockig, in der Art der zeittypischen „Titusfrisur“.

Die sonntägliche Oberbekleidung der Artländer Bauern – ob jung oder alt – gibt zu dieser Zeit nicht den geringsten Hinweis auf „bäuerliches“, regionaltypisches oder gruppenspezifisches Eigengepräge. Sie ist daher im Sinne der gegebenen Definition auch nicht als „Tracht“ anzusprechen, sondern als zeitgemäße Kleidung „internationaler“ bürgerlicher Prägung, wie sie auch in besseren Kreisen gang und gäbe war.

Abb. 33: Artländer Bauern mit historischen Kleidungsstücken des 18. und frühen 19. Jhdts., Foto 1904, gedacht als Vorlage für das Westfälische Trachtenbuch von Franz Jostes

Mit der alten politischen Ordnung hatten die Damen der Französischen Revolution auch Reifröcke, Korsetts und Roben zugunsten des fast durchsichtigen, freifallenden Hemdkleides abgestreift („Chemisenkleid“, Empirekleid). Dieser neue Modetrend ist von den Artländer Bauersfrauen um 1815 – wie in den Dilly-Bildern eindrucksvoll festgehalten – allüberall adaptiert; sie sind ebenso modisch gekleidet wie ihre Männer. Die Artländerin der bäuerlichen Oberschicht trägt sonntags wie vermutlich auch werktags das einteilige, hochtaillierte, die Figur in weichen, schön drapierten Falten umspielende Chemisenkleid des Empire (Abb. 34, 36, 37). Ein unverzichtbares Accessoire des bürgerlichen Frauenkleides dieser Stilepoche ist das große Schultertuch. Es wird von Dilly als wichtiges Moderequisit stets detailliert „gezeichnet und gemalt“. Nach seiner Darstellung gewinnt man den Eindruck, daß es nicht die Form eines Dreiecks hatte, die Vorder- und Rückenzipfel also nicht gleich lang herunterfallen, sondern daß es ein dreizipfeliges Schultertuch mit stark verlängerten vorderen Zipfeln gewesen ist, das typische „Fichu“, wie es in der französischen Mode üblich war[64]. Um zu verdeutlichen, daß hier nicht das gewohnte quadratische, zu einem Dreieckstuch zusammengefaltete Schultertuch dargestellt sein dürfte, wird es daher nachfolgend als „Fichu-Schultertuch“ angesprochen.

Als Kopfbedeckung trugen die vornehmen Frauen des Empire hohe, gerade Hüte mit seitlichen Feder- oder Spitzentuffs oder Hauben aus Leinen und Spitze, auch Strohhüte in Schutenform; letztere oftmals als „Übcrhüte“ für die kostbaren Hauben.

Alle drei Typen dieser für verschiedene Anlässe zu tragenden Hutformen sind im Artland auch von den Frauen der bäuerlichen Oberschicht getragen worden (Abb. 16, 18, 20, 35).

Über den „Damen-Zylinderhut“ – in der Sammlung des Museumsdorfes Cloppenburg aus Art-

Abb. 34: Damen in „duftigen“ Chemisen-Kleidern (Empire-Kleidern) und mit Frisuren mit Knoten dem griechischen Vorbild entsprechend, Sammlung Museumsdorf

länder Bauernbesitz mehrfach dokumentiert (Abb. 35) – weiß auch W. Hardebeck in seinem „Führer zum Artländer Trachtenfest“ zu berichten;[65] er schreibt: *„Als in den Jahren 1820 bis 1830 die Männer sich den Cylinderhut als Kopfbedekkung erkoren, hielten es auch die jungen Mädchen im Badbergischen für angezeigt, einen Cylinderhut zu tragen. Von dieser abscheulichen Mode wurden sogar die Schulmädchen angesteckt, die mit einem Cylinder wohl auf dem Kopfe, an welchem einige Blumen und eine Feder gesteckt waren, stolz einhergingen. Übrigens war dieser Hut etwas niedriger wie der Herrenhut und nicht ganz cylindrisch, sondern mehr wie ein Zuckerhut geformt. Diese Mode bestand von 1830–1840; so schnell wie sie sich verbreitete, verschwand sie auch wieder. Von unserem heutigen Standpunkte aus ist es kaum erklärlich, wie die jungen Mädchen sich mit einer solchen Kopftracht befreunden konnten. Es wird wohl ein freiheitlicher Zug die jungen Mädchen angesteckt haben, der durch Annahme des Cylinderhutes zum Ausdruck gebracht werden sollte. Die Gleichheit der Frauen- und Manneshüte sollte bekunden, daß die Frauen fortan gleiche Rechte wie die Männer beanspruchten, ein Gedanke, der von den französischen Revolutionären ausgegangen war.“*

Der schutenförmige, große „Überhut“ schützte die empfindliche „Haube mit breitem Strich“ und wurde auf der Straße oder zum Kirchgang getragen (Abb. 20).

Zum Signum hausfraulicher Würde wurde im bürgerlichen wie auch im bäuerlichen Bereich seit dem 18. Jahrhundert die kostbare Haube (formenkundlich zurückzuführen auf die elegante bürgerliche Spitzenhaube der „Dormeuse“ und „Baigneuse“)[66] aus Brokatgewebe oder Samtstoff, besetzt mit geklöppelter Goldgarnspitze und Goldgarnstickerei, gerahmt von einem breiten, plissierten, „drahtwierenverstärkten“ Spitzen-„Strich“.

Alle Artländer Frauen der bäuerlichen Oberschicht wählten diese Form der sogenannten „Zweistücks-Goldhaube“; sie kann in der Auszier der „Blume“ auf der Kappe individuell gestaltet sein, Form und Ziersystem sind aber derart „genormt“, daß von einem Typ in der Artländer Region gesprochen werden kann. Fraglos spiegelt diese Artländer Frauenhaube regionales Eigengepräge wieder und kann als „Trachten-Accessoire“ mit gewollt signalhafter Wirkung angesprochen werden. Die Artländer „Trachten-Haube“ ist aber – und dies gilt auch für Haubentypen anderer Regionen – nicht in allen Einzelteilen als ein „Ur-Artländer“ Produkt anzusprechen.

In der historischen Kleidersammlung des Museumsdorfes befinden sich mehrere „vorgefertigte Einzelteile“, aus denen die sogenannte Artländer Goldhaube zusammengeschnitten und zusammengenäht werden konnte; ein Samtstoff mit zwei aufgenähten „Goldblumen“ sowie eine geklöppelte „Goldgarnspitze“ (Abb. 17, 19), vom Verkäufer – laut Aufschrift – als „Strich“ bezeichnet. Diese Urbestandteile Artländer Goldhauben wurden im fernen Zerbst als Heimindustriearbeit hergestellt[67], sodann über den Braunschweiger Markt angeboten[68] und von dort durch einen Menslager Kaufmann ins Artland verhandelt.[69] Im Artland selbst erfolgte nur die „Endmontage“ dieser „regionalgeprägten“ Haube durch ortsansässige Mützenmacherinnen.

Viele Fragen zur Kreation der Muster für bestimmte Regionen, der „Mitbestimmung“ der Aufkäufer oder Abnehmer in der Dekorgestaltung, der Verständigung zwischen fernen Produktionsorten und ortsnahem Vertrieb bleiben vorerst offen. Dennoch ist festzustellen, daß sich die Region Artland aus einem immens großen Musterangebot ein bestimmtes Sortiment auswählte und für eine längere Zeit als „regionaltypisches Signum“ verwendete.

Das unverwechselbar Artländische der Frauenkleidung ist aber nur in dieser Goldhaube zu finden, alle übrigen Typen der Kleidung und der Accessoires sind zur gleichen Zeit auch in anderen städtischen oder ländlichen Regionen wiederzuentdecken. Dies beweisen die historischen Bilddokumente des Caspar Dilly.

Abb. 35: Damenzylinder, Kirchspiel Badbergen, Artland, um 1820, Sammlung Museumsdorf

Abb. 36: Einteiliges, hochtailliertes Empirekleid aus dem Artland (Kirchspiel Badbergen), um 1820, Sammlung Museumsdorf

Abb. 37: Einteiliges, hochtailliertes weißes Empirekleid aus Butjadingen, Oldenburg, um 1810, Sammlung Museumsdorf

Abb. 38: Blau-geblümte Gilet-Weste aus dem Artland, Kirchspiel Badbergen, Sammlung Museumsdorf Cloppenburg

Zur Geschichte der Kleidung im Oldenburger Münsterland: Seit dem Mittelalter gehören die heutigen Landkreise Cloppenburg und Vechta als Teil des Niederstifts zum Territorium des Hochstifts Münster. Erst im Zuge der Säkularisation der geistlichen Fürstentümer gelangte dies Gebiet ab 1803 zum Herzogtum Oldenburg und wird deswegen, entsprechend seiner Geschichte, auch als „Oldenburger Münsterland" bezeichnet. Im Zeitraum von 1811 bis 1813 gehörte dieses Gebiet zum französischen Kaiserreich, um dann anschließend wieder vom Oldenburger Herzog in Besitz genommen zu werden.
Die münsterschen Kleiderordnungen des 18. Jahrhunderts (Edikte von 1735, 1764, 1765, 1766[70]) hatten also auch für die ehemaligen Ämter Vechta und Cloppenburg Rechtsgültigkeit. Es sind „Anti-Luxusgesetze" mit sehr allgemein gehaltenen Verbotsvorschriften, z.B. keine zu teueren Stoffe zu kaufen und keine Gold- oder Silberstickerei auf Hauben anzubringen. Selbst bei den zuständigen Kontrollbehörden vor Ort finden diese Gesetze keine allgemeine Zustimmung mehr, so daß auch offensichtlich in den meisten Ämtern eine Kontrolle nach Vorschrift ausbleibt. Ein für diese Zeit nicht untypisches Echo auf derartige Verordnungen stellt ein Schreiben des Cloppenburger Richters Bothe (aus dem Jahre 1791) als Kommentar zu derartigen Erlassen an den Fürstbischof von Münster dar, in dem es u. a. heißt[71]: *„1.) Wenn der Bauer sich kostbar kleidet, so schadet er danach keinem Menschen als vielleicht sich selbst. 2.) Belebt Tracht den Handel und ernähret Arme. 3.) Ist es vorteilhafter, wenn der Bauer für ein paar silberne Schnallen 10 RTH gibt, als wenn er für ein paar zinnerne 9 Schillinge gibt, die alle halbe Jahr neu angeschaffen werden müssen und nichts wert sind, wenn sie zerbrechen. 3.) Kauft ein Bauer ein Kleid die Elle zu 2 RTH (ein Reichstaler war nur erlaubt) und ein anderer eins die Elle zu 1 RTH, so profitiert ersterer, denn ein Kleid hält einmal so lange, er hat soviel Tuch nicht notwendig, und zahlet nur einmal Schneiderlohn, da in des letzterer zweimal ein Kleid anschaffen und zweimal Schneiderlohn zahlen muß. 5.) Trägt eine Bauersfrau Silber auf die Haube, so trägt sie es nur auf Sonntagen und kann so eine Mütze lange tragen und am Ende ist dieses alte Silber noch immer etwas wert, welches andere Band nicht ist… 6.) Eine gleiche Bewandnis hat es mit Spitzen. Sind sie einmal angeschafft, so erben sie sich auf Kinder fort, denn sie werden alle Tage nicht getragen und über dies gibt das Spitzenknoten noch manchem Armen einen guten Nahrungszweig. 7.) Ist eine Jacke von Seide nicht so verschwenderisch als man anfangs wohl glauben sollte, denn ein seidenes Kleid wird hoch in Ehren gehalten, und wer ein seidenes Kleid oder eins von gutem Sitz hat, verschleißt es nicht, und öfters trägt noch lange die Tochter das von der Mutter angeschaffte Kleid. Ich bin also der Meinung, daß oben gedachte Verordnung aufzuheben sei… 8.) muß ich noch bemerken wie daß ich dafür halte, daß ein Aufwand*

in Kleidungen nicht besser vorgebeugt werden kann, als durch Einführung einer Nationaltracht, welche in einzelnen Staaten so gut wie im ganzen Reiche möglich, und Modesucht und Aufwand aus jedem Stand verdrängt."

Die zahlreich erhaltenen Originale der mit Gold- und Silberfäden bestickten Häubchen aus dem Oldenburger Münsterland lassen die Interpretation zu, daß ungeachtet dieser Verordnungen sich die ländliche Bevölkerung entsprechend ihren Kleiderwünschen ausstattete.

Weder ein kompletter Anzug noch einzelne Relikte einer männlichen Kleidung des 18. Jahrhunderts sind uns aus diesem Gebiet erhalten; wohl dagegen ein kostbares Frauenkleid aus der zweiten Hälfte des 18. Jahrhunderts (Abb. 24). Es stammt von einem Bauernhof, der einst zum Kirchspiel Löningen zählte und aus dessen Familie viele Söhne zu Verwaltungsbeamten, Richtern, Kaufleuten etc. avancierten. Aus einer solchen „Honoratiorenfamilie" bäuerlicher Herkunft ist dies Kleid überliefert; es ist ein sogenanntes „Manteau-Kleid" aus rosafarbenem Seidenbrokat mit Blumendekor. Das Oberkleid, der Überrock (Robe), hatte auf dem Rücken eine breite „Watteaufalte". Der vorn sichtbare untere Rock, die „Jupe", ist aus dem gleichen prächtigen Stoff gemacht wie die Robe. Obwohl der Fundort dieses „Honoratioren-Kleides" ein Bauernhof ist, kann daraus nicht sogleich gefolgert werden, daß es auch das Kleid einer Bäuerin war. Hier bedarf es noch sorgfältiger Nachforschungen.

Ein Dilly-Scherenschnitt aus dem Kirchspiel Essen (Taf. IX) belegt aber, daß ältere Frauen im Oldenburger Münsterland um 1815 noch nicht den neuen Modetrend des Empire akzeptiert hatten. Es zeigt nämlich eine verwitwete Hofbesitzerin im zweiteiligen Kleid mit Caraco-Jacke. Die vornehmen Bürgerinnen und Bäuerinnen der mittleren und jüngeren Generation im Oldenburger Münsterland hatten sich dagegen bereits alle für die zeitgemäße Empire-Kleidung entschieden. Unterschiede in der Frauenkleidung dieser Zeit werden aber durch die Bild-Dokumentationen des Caspar Dilly erkennbar: Die Bäuerinnen und deren Kinder tragen zum Anlaß der Bildherstellung lange Schürzen, nicht dagegen die Frauen und Kinder der ländlichen Honoratiorenschicht (Taf. XI, XII). Auch tragen die

Abb. 39: Ölbild der alten Meierin, Kirchspiel Essen, vgl. Dilly-Bild Tafel IX

verheirateten Frauen im Haus wie im Garten eine Haube mit Rüschenbesatz. Die Frau des Forstbeamten hingegen trägt im Garten, im Kreise der Familie, ihr Haar offen, und die Frau des Richters läßt sich mit aufwendigem Hut „konterfeien". Die Bäuerinnen – jung und alt – signalisieren

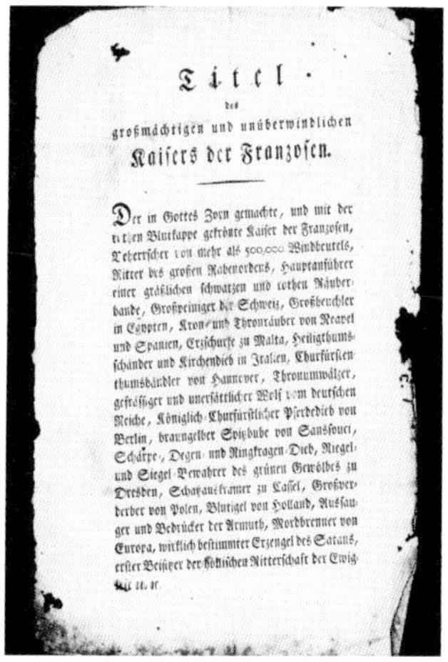

Titel
des
großmächtigen und unüberwindlichen
Kaisers der Franzosen.

Der in Gottes Zorn gemachte, und mit der rothen Blutkappe gekrönte Kaiser der Franzosen, Beherrscher von mehr als 500,000 Windbeutels, Ritter des großen Rabenordens, Hauptanführer einer gräßlichen schwarzen und rothen Räuberbande, Großpeiniger der Schweiz, Großheuchler in Egypten, Kron- und Thronräuber von Neapel und Spanien, Erzschurke zu Malta, Heiligthumsschänder und Kirchendieb in Italien, Churfürstenthumshändler von Hannover, Thronumwälzer, gefräßiger und unersättlicher Wolf vom deutschen Reiche, Königlich-Churfürstlicher Pferdedieb von Berlin, braungelber Spitzbube von Sanssouci, Schärpe-, Degen- und Ringkragen-Dieb, Riegel- und Siegel-Bewahrer des grünen Gewölbes zu Dresden, Schatzaufkramer zu Cassel, Großverderber von Polen, Blutigel von Holland, Aussauger und Bedrücker der Armuth, Mordbrenner von Europa, wirklich bestimmter Erzengel des Satans, erster Beisitzer der höllischen Ritterschaft der Ewigkeit u. s. w.

Abb. 40: Flugblatt, aus einem Bauernhaus des Kirchspiels Essen: Schmähbrief (nach 1811) gegen den Kaiser der Franzosen, den „Mordbrenner von Europa"

Abb. 41: Kaiser Napoleon I., Wandbild aus demselben Bauernhaus des Kirchspiels Essen

offensichtlich ihren Stand, aber auch ihre Zugehörigkeit zu einem bestimmten Kirchspiel, denn die Goldhauben der Essenerin und die der Barßelerin unterscheiden sich sichtlich voneinander (Taf. IX, X). Der überlieferte „Denkmälerbestand" dieser Hauben aus dem Oldenburger Münsterland bekräftigt diese Aussage, denn je nach Kirchspiel weichen sie in der Auswahl der Stickerei sowie der Schnittformen der Kappen und in der Ausgestaltung des „Strichs" oder anderen Beiwerks stark voneinander ab (Abb. 15).
Ein Vergleich der „Goldhauben" des Artlandes mit denen des Oldenburger Münsterlandes läßt frappierende Gemeinsamkeiten, aber auch signifikante Unterschiede erkennen: Die Hauben beider Regionen bestehen aus den „vorgefertigten" Teilen der Goldblumen-Stickereien sowie der geklöppelten Goldspitzen (Abb. 17, 19); sie müssen über ein ähnliches „Vertriebssystem" ins Oldenburger Münsterland gelangt sein, wie es für das Artland aufgezeigt wurde. Die Blumenornamente auf den Mützen jedoch sind in den jeweiligen Regionen merklich unterschiedlich gestaltet; die Händler, die diese Mützendekore führten, mußten sich folglich auf den Großmärkten mit unterschiedlicher Ware eindecken.
Das auffälligste, für jeden sichtbare – auch von Dilly erkannte und entsprechend in den Silhouetten wiedergegebene – Unterscheidungsmerkmal ist die Ausformung des weißen „Strichs", die Haubenrahmung. Dieser Spitzenrüschenbesatz ist im Artland derart breit gewählt, daß es aus Gründen der Haltbarkeit notwendig wird, zwischen die kleinen Falten ein zierliches, mit Garn umwickeltes Drahtgestell („Wieren") einzufügen. Ganz im Gegensatz dazu war der plissierte „Strich" der Hauben im Oldenburger Münsterland sehr schmal (Abb. 39, Taf. IX). Ebenso wie im Artland trugen also die Frauen der bäuerlichen Oberschicht zu gegebenen Anlässen eine regionaltypische Kopfbedeckung, eine „Trachtenhaube". Zum allgemein verbreiteten Halskettenschmuck trugen die katholischen Bäuerinnen des Oldenburger Münsterlandes als zusätzliches „Zeichen" gemeinsamen Glaubens ein Kreuz als Anhänger. In der übrigen Kleidungsgestaltung (Empirekleid, Fichu-Schultertuch, lange Schürze, Schuhwerk) waren sie ebenso modisch bürgerlich gekleidet wie die Frauen anderer wohlhabender Bevölkerungsschichten.
Die in den Dilly-Bildern geschilderte Männerkleidung des Oldenburger Münsterlandes aus der Zeit um 1815 bis 1820 weicht in Form und Kombination nicht von der der Artländer Nachbarregion ab; denn alle tragen Zylinder, Frack, Gilet-Weste, Pantalonhose und Stiefel, auch ihr Haarschnitt ist kurz und damit modisch. Regionale Eigentümlichkeiten, Elemente einer Tracht, sind nicht zu entdecken. Auch ein Vergleich mit der Kleidung vornehmer Cloppenburger Bürger bekräftigt die Aussage, daß die Bauern der bäuerlichen Oberschicht und deren Söhne demselben Modetrend huldigen wie die Honoratioren in Stadt und Land (Abb. 14).

Zur historischen Kleidung im Oldenburger Ammerland: Nach dem Tode des Grafen Anton Günther fiel das Ammerland als Teil der Grafschaft Oldenburg an Dänemark (1667) und unterstand von nun an bis zum Jahre 1773 der deutschen Kanzlei in Kopenhagen; das Ammerland war in dieser „Dänenzeit" ein steuereinbringendes „Nebenland". Dieser Zeitabschnitt der Beherrschung durch eine fremde Macht endete mit der Thronbesteigung des zum Herzogtum aufgestiegenen Oldenburg durch die „jüngere Linie" des Hauses Gottorp/Eutin (1773). Im Jahre 1810 wurde das Herzogtum Oldenburg und damit auch das Ammerland Teil des französischen Kaiserreiches, bis dann im Jahre 1813 Herzog Peter Friedrich Ludwig nach dem Zusammenbruch des napoleonischen Reiches die Regierungsadministration wieder übernahm.

Alle Kleiderordnungen, die im Laufe der „Dänenzeit" erlassen wurden und sich in nur sehr allgemeinen Formulierungen gegen Verschwendung im Essen, Trinken und Kleiden wandten, konnten das Eindringen und die Übernahme modischer Zeitströmungen nicht verhindern.[72]

Das Landesmuseum für Kunst- und Kulturgeschichte in Oldenburg hat in seiner Kostümsammlung u.a. ein Caraco-Kleid (Ende des 18. Jahrhunderts), ein Hochzeitskleid aus dem oldenburgischen Berne (Landkreis Wesermarsch), das in Form und Schnitt dem der Essener Bäuerin auf dem Dilly-Bild (Taf. IX) sehr ähnlich ist.[73] Kleidungsstücke für Männer aus dem Ende des 18. Jahrhunderts sind in dieser Sammlung gleichfalls mehrfach vorhanden, stammen aber von bürgerlichen Familien der Stadt Oldenburg.

Die vermeintlich echte „alte Volkstracht" wurde in keiner Landschaft des nordwestlichen Niedersachsen so häufig und detailliert „im Bilde festgehalten" wie im Ammerland, und zwar durch Bernhard Winter (1871–1964), den oldenburgischen Maler der „Volkslebensbilder".[74] Bernhard Winter stand wie diejenigen, die in der Zeit von 1905 bis 1910 große sogenannte Trachtenfeste initiierten, vor der schwierigen Aufgabe, sich zu entscheiden, welche überlieferten historischen Kleidungsstücke miteinander kombiniert werden durften; denn, so formuliert es Bernhard Winter selbst: „Die Bauerntracht war schon halb sagenhaft geworden in unserem Lande."[75]

Während die Veranstalter der Trachtenfeste zu jener Zeit den mit Resten historischer Kleidung nicht ganz entleerten Kleiderschrank der Bauern als „Fundquelle" nutzten, bediente sich Bernhard Winter der umfänglichen, schon im 19. Jahrhundert zusammengetragenen großherzoglichen Sammlung volkstümlicher historischer Kleider. Eine kostümkundliche Analyse der von B. Winter in seinen „Volkslebensbildern" gemalten „Trachten" kann eindeutig nachweisen, daß die dargestellte bäuerliche Bevölkerung des Ammerlandes Kleidungsstücke zeigt, die nicht nur aus unterschiedlichen Zeiten, sondern auch aus unterschiedlichen Regionen stammen. Über diese Winter-Bilder konnte daher mit Fug und Recht ausgesagt werden, daß in ihnen „nicht eine unmittelbare geschichtliche Wirklichkeit, sondern eine subjektive Vorstellung von vergangener Wirklichkeit" abgebildet ist.[76]

Da B. Winter aber nach originalen Einzelvorlagen malte sind in seinen Bildern auch historisch getreue „Details" zu entdecken. Im Vergleich zu den Dilly-Bildern sei nur auf einen Befund aufmerksam gemacht: Auf den Winter-Bildern „Bauerntanz aus alter Zeit" (1904, Abb. 55, 56) und „Die letzte Ehre" (1910)[77], tragen die Bauersfrauen Goldhauben mit auffallend hohem, weißem Rüschenbesatz; diese Haubenform beschreibt Bernhard Winter in der 1913 herausgebrachten „Heimatkunde des Herzogtums Oldenburg“ folgendermaßen[78]: *„Sie war aus Sammet, Seide oder Brokat mit Goldborten und bunten Bändern besetzt und oft mit reicher Gold- und Silberstickerei verziert. Hülle (Haube) mit Stremel (Streifen) und Flebbchen (Mundband) wurden fast stets zusammen genannt. Der Stremel, der Rest einer Linnenmütze, war ein steifer geriffelter Strich mit einem Spitzenstreifen, der am Außenrande durch einen umsponnenen Metallfaden flach gehalten wurde. Dazu kam das Bindchen, ebenfalls ein älteres Trachtenstück; es war mit Tüllstreifen besetzt, nach altem Muster verziert und an der Außenkante zur Festigung mit Pferdehaaren durchzogen und wurde mit Bändern, die hinten lang herunterhingen, um die Stirn gebunden.“*

Abb. 42: Frackuniform und Hirschfänger eines Oberforstmeisters (1855–66), Kgr. Hannover, Originale und Fotos: Historisches Museum am Hohen Ufer, Hannover

Daß dieses von B. Winter mit viel Liebe zum Detail gemalte und mit Worten eingehend beschriebene „Bindchen“ tatsächlich ein unverkennbares Accessoire einer Goldhaube Ammerländer Bauersfrauen aus dem Kirchspiel Westerstede gewesen ist, bezeugt das Ammerländer Dilly-Bild (Taf. XIII). Caspar Dilly und Bernhard Winter stimmen hier in der Schilderung eines Tatbestandes überein und ergänzen einander; Dilly dokumentiert den Zeitpunkt, wann und wo dieses regionaltypische Häubchen-Beiwerk getragen wurde, Winter überliefert eine „erweiterte Fassung“.

Aus den Ammerländer Dilly-Scherenschnitten, wenngleich nur als Brustbild-Silhouetten angelegt, ist ferner zu folgern, daß um 1825 die Großelterngeneration im Ammerland dem Modestil des Empire huldigte (Großmutter: Empirekleid und Fichu-Schultertuch; Großvater: Frack). Nur in der Haartracht (lange, auf dem Kragen aufliegende Haare) blieb der Großvater konservativ und übernahm nicht die kurzgeschnittene „Titusfrisur“.

Das Ende der „Trachtenhauben-Ära“ im Ammerland könnte in den im Jahre 1825 entstandenen Dilly-Bildern (Taf. XIII, XIV) zum Ausdruck kommen, denn die Großmutter E. trägt noch ihre standesgemäße, regionaltypische Haube, ihre fast zu gleicher Zeit silhouettierte Tochter, Frau S. aus Linswege, aber nicht mehr. Wie ihre Töchter zeigt sie auch nicht mehr den Empire-Kurzhaarschnitt, den ihr Mann und ihr Sohn mit der „Titusfrisur“ noch pflegen, sondern lange und glatte, bis zu den Schultern herunterfallende

Haare. Auch das ansonsten von Bauersfrauen – und auch von ihrer Mutter – stets getragene Schultertuch wird von ihr nicht mehr angelegt. Fraglos dokumentiert sich in diesen Dilly-Bildern ein spürbarer Wandel im Kleidungsverhalten der Frauen dieser Region.

Die Sammlungsbestände der Museen in Cloppenburg und Oldenburg können durch historische Kleidungsstücke nachweisen, daß sowohl in bürgerlichen wie auch in bäuerlichen Kreisen um 1810 bis 1820 im Herzogtum Oldenburg von den Frauen das aus sehr dünnem, fließendem Stoff in heller Farbtönung gefertigte Chemisen-Kleid des Empire getragen wurde (Abb. 34, 36, 37).[79] Aus den Trümpelmann-Silhouetten ist zu schließen, daß der vornehme Bürger in Stadt und Land (Abb. 13: Landgerichtsbeamter aus Neuenburg, Friesische Wehde, Herzogtum Oldenburg) zur Zeit des Empire Zylinder, Frack, Pantalon-Hosen und Stiefel und die Honoratiorenfrau Empirekleid und Hut mit Federbusch trug (vgl. Abb. 35). Um 1805, vor Beginn der französischen Herrschaft im Herzogtum Oldenburg hingegen, ist die Haar- und Barttracht des oldenburgischen Beamten noch nach der Mode des Rokoko ausgerichtet, denn der Landgerichtsbeamte von der Lippe ist glatt rasiert, hat die Haare nach hinten gekämmt und zu einem Zopf mit Schleife geordnet. Seine Söhne haben dagegen den Kurzhaarschnitt der zeitgemäßen „Titusfrisur".

Zur historischen Kleidung Ostfrieslands: Die Küstenlandschaft Ostfriesland liegt zwischen der nördlichen niederländischen Provinz Groningen und dem Oldenburger Jeverland; ein breites, überaus fruchtbares Marschland umsäumt dies Land im Norden und Westen, ein flacher Geestrücken, nach Norden, Süden und Westen von Mooren tangiert, durchzieht es in westöstlicher Richtung. Sowohl in den Marschregionen als auch in den anschließenden Geestgebieten ist hier seit der beginnenden Neuzeit als eigengeprägtes Wohn- und Wirtschaftshaus der ländlichen Bevölkerung das sogenannte „ostfriesische Gulfhaus" beheimatet; entsprechend den unterschiedlichen Erträgen in der Marsch und auf der Geest und den großen sozialen Unterschieden zwischen freiem „Hausmannsstand" und unterprivilegierter Tagelöhnerschicht kann es – wiewohl stets nach dem gleichen Bauprinzip gebaut

Abb. 43: „Totengedenkbild" Fegter-Krummhörn in ganzer Größe; vgl. Taf. XXc und entsprechenden Text

– mal in monumentaler Größe, mal in bescheidensten Ausmaßen erstellt sein.

Als im Jahre 1744 mit Carl Edzard das Haus Cirksena in Ostfriesland erlosch, nahm Preußen unter Friedrich dem Großen, aufgrund einer kaiserlichen Anwartschaft dies Fürstentum in Besitz. Im Jahre 1806 wurde Ostfriesland von Napoleon, dem Königreich Holland und 1810 dem französischen Kaiserreich angegliedert. Im Wiener Kongreß fiel es 1815 dem Königreich Hannover zu, mit dem es 1866 wieder zu Preußen kam. Das Recht, Gold- und Silberschmuck zur Kleidung steuerfrei anlegen zu dürfen, erachteten die Ostfriesen stets als ein Privileg aufgrund ihrer „friesischen Freiheit",[80] die ihnen angeblich schon von Karl d. Gr. verliehen worden war. In einer Polizeiverordnung von 1545, erlassen durch die Gräfin Anna von Ostfriesland, heißt es denn auch, daß alles, „was die Frauen auf dem Lande an Gold und Geschmeide machen ließen, frei von jeder Steuer sein sollte"[81]. Die Kostümgeschichte Ostfrieslands kann auch durch die „Trachtenbilder" in dem vor ca. 400 Jahren entstandenen Hausbuch des Unico Manninga (1529–1588) auf farbenprächtige Bilddokumente „goldbehangener" Ostfriesinnen verweisen[82]; durch diese Bilder wird in beeindruckender Weise der Wohlstand bestimmter Schichten und das Zur-Schau-Stellen von Rechtsprivilegien vor Augen geführt.

Abb. 44: Dilly-Scherenschnitt – kurz vor den Drucklegung dieses Buches entdeckt. Es wurde von ihm während seines Aufenthaltes in der ostfriesischen Krummhörn im Zeitraum von 1836–1839 angefertigt. Genealogische Daten konnten noch nicht festgestellt werden. Sammlung Ostfriesisches Freilichtmuseum, Pewsum

Keine Landschaft des nordwestlichen Niedersachsen ist in all den Jahrhunderten derart „goldschmuckfreudig" gewesen wie Ostfriesland, besonders die ostfriesische Marschregion. Weil hier der Drang zum wertvollen Goldschmuck groß war und das Vermögen, ihn zu befriedigen, ausreichte, verwundert es nicht, gerade in den großen und kleinen Städten Ostfrieslands schon früh ein blühendes Gold- und Silberschmuckgewerbe anzutreffen[83]. Auch die Dilly-Bilder aus der Ostfriesischen Marsch belegen eindeutig, daß die ländlichen Oberschichten noch zur Mitte des 19. Jahrhunderts überreichen Goldschmuck als Accessoires der Kleidung trugen. Der bekannte Wohlstand ostfriesischer Oberschichten in Stadt und Land ist ebenfalls der Grund dafür, daß sich viele Angehörige dieser Schicht häufiger portraitieren ließen als in den anschließenden Geestgebieten. Mit Hilfe dieses nicht geringen Bildbestandes und der vielen Beschreibungen ostfriesischer Kleidungsgewohnheiten sowie anhand der Restbestände überlieferter Kleidungsbelege müßte es gelingen, das Bekleidungswesen vieler Sozialgruppen in Ostfriesland aus dem 18. und 19. Jahrhundert wesentlich „vorstellbarer" zu umschreiben, als dies derzeit bei noch mangelndem Forschungsstand möglich ist. Die „Papier-Bilder" der Silhouetteure Dilly und Trümpelmann übermitteln einen ersten, verläßlichen Einblick in die ostfriesische Sonntagskleidung der mittleren und oberen Sozialschichten Ostfrieslands im dritten und vierten Jahrzehnt des 19. Jahrhunderts.

Die Dilly-Bildreportage mit „Schere, Nadel und Pinsel“ spiegelt Entstehung und Wandel, Gemeinsames und Unterschiedliches in der ländlichen ostfriesischen Kleidung auf der Geest und in der Marsch zwischen 1829 und 1839 wider: Vor 1830 gehörten in „Geest-Ostfriesland“ zur sonntäglichen Männerkleidung noch der hohe Zylinder, der Frack, die Kniebundhose mit Bundschnallen oder – modischer – die Pantalonhose mit Stiefeln (Taf. XVI, XVII). Die Frauen auf dem Lande bevorzugten immer noch das einteilige hochtaillierte Empire-Kleid, dazu das vorn über die Schürze lang herunterfallende „Fichu-Schultertuch“. In Haus und Garten zeigte sich die Hausfrau niemals ohne „Spitzenrüschen-Haube“ und ohne Goldschmuck. Fast gleich gekleidet wie die Mutter waren die Mädchen, die allerdings statt des großen Schultertuches ein buntes verknotetes Halstuch umlegten. Ein kindgemäßer „Anzug“ taucht zu dieser Zeit erstmals in den Dilly-Bildern für die kleinen Knaben auf, bestehend aus einem gefälligen, mit Messingknöpfen besetzten Jäckchen sowie einer Röhrenhose.
Der große Umschwung in der Mode vom Empire zum Biedermeier dokumentiert sich auch in den Dilly-Silhouetten. Die Honoratioren und vermögenden Bauern in der ostfriesischen Krummhörn aus der Zeit zwischen 1836 und 1839 hatten die Mode des Empire völlig abgestreift und kleideten sich nur noch biedermeierlich.
In der Frauenkleidung wurde zu dieser Zeit die schmale Silhouette der Empire-Mode völlig abgelöst durch die breiten, ausladenden Formen der Biedermeier-Mode.[84] Die Taille rutschte wieder an ihre natürliche Stelle, sie wurde zur „Wespen-Taille“ geschnürt. Die üppigen „Keulen“-Ärmel, betonten Schultern und breitgezogene Ausschnitte, vor allem aber der knöchellange Rock, der durch Unterröcke und Volants eine immer mehr zunehmende Weite erhielt, gaben der Frau eine neue „Figur“. Auch die Frisur war anders; denn das Haar wurde in der Mitte gescheitelt, zum Zopf geflochten und am Hinterkopf mit Kämmen aus Schildpatt oder Horn aufgesteckt. Zur Seite hingen lange „Korkenzieherlocken“ herab. Spitzen-, Seiden-, Kaschmirschals und

Abb. 45: Biedermeierliche Haartrachten und Hornkämme

Abb. 46: Geschnittener Hornkamm (Schildpatt) aus dem Jeverland, Museum Jever
Abb. 47: Haube mit Blumengebinde, Schleifchen und Rüschenspitze an der Halspartie, um 1825, vgl. Taf. XVI–XXI

kleine Halskrausen ergänzten die Kleidung. Die Männerbekleidung bestand aus Frack und langer Röhrenhose, die Weste war aus gestreifter oder farbiger Seide. Modebewußte Bürger trugen zum laubgrünen Frack eine gelbgrüne Weste und violette Beinkleider. Der aus der Redingote entwickelte Gehrock hatte oft einen Schalkragen. Außer dem Zylinder, meist grau, wurde die bequemere Schirmmütze als Kopfbedeckung

Abb. 48: „Einzug der heimkehrendenSieger von Waterloo in Norden 1815. Aufgenommen als der Zug die Ecke der Brückstraße und des Neuenweges passiert." Original und Foto: Heimatmuseum Norden

benutzt. Die Stulpenstiefel verschwanden allmählich, stattdessen wurde der Halb- oder Knopfstiefel Mode.
Dieser neue Kleidungsstil und das entsprechende modische Beiwerk ist auf den genannten Dilly-Bildern wiederzuentdecken (Taf. XVIII, XIX, XX, Abb. 44). Auch die Männer- und Frauenkleidung der ostfriesischen Krummhörn läßt keine regionaltypischen Ausprägungen erkennen, vornehme bürgerliche und bäuerliche Schichten kleideten sich nach derselben Mode und auf ähnliche Weise wie in den anderen genannten Regionen.
Der Silhouetteur Ferdinand Trümpelmann schildert in seinen „Scherenschnitt-Bühnenbildern", in welcher Kleidung sich die städtisch-bürgerliche Oberschicht Ostfrieslands um 1805 vor Beginn der „Fremdherrschaft" repräsentativ „zur Schau stellt". Auf diesen Bildern tragen alle Frauen und Kinder das modisch zeitgemäße Empirekleid und als Haarfrisur, dem klassischen Vorbild entsprechend, die kurze „Titusfrisur" und oftmals dazu auch einen kleinen Zopf. Ebenso einheitlich sind die Männer mit einem Frack und Pantalonhosen bekleidet. Während die ältere Generation (Kaufmann Steinbömer aus Norden) noch die „Zopf-Haartracht" des Rokoko bevorzugt (Abb. 10), hat zu dieser Zeit die jüngere Generation (Kaufmann Lubinus, Norden, und Regierungsrat Daniel Sch., Aurich) den Zopf bereits abgeschnitten und auch die neue „Titusfrisur" akzeptiert (Abb. 8, 12).

Abb. 49

Abb. 50

Der Ammerländer Hausmann, Bauer und Bauernvogt Friedrich Thalen aus Westerstede, geb. 1786, wird am 31. Mai 1822 in das ehrenvolle und vielbegehrte Amt des Kirchspielvogts eingeführt. Da er Eigentümer einer nicht schuldenfreien Halberbenstelle ist, bewirkt dieses neue Amt neben dem sozialen auch einen wirtschaftlichen Aufstieg. Seine neue Position bringt es mit sich, Umgang mit allen Sozialschichten im ländlichen wie im gehobenen bürgerlichen Bereich pflegen zu müssen. Entsprechend modisch ist auch seine und seiner Frau Sonntagskleidung. Diese unsignierten, eindeutig aber C. Dilly zuzuweisenden „Brustbild-Silhouetten" werden um 1825 bis 1827 entstanden sein.
Der Kirchspielvogt trägt einen Zylinder mit nicht sonderlich hohem „Kopf", der aber an den Seiten extrem hochgeschlagene Krempen aufweist. Wie beim ähnlich geformten Zylinder des Barßeler Bauern B. (Taf. X) hat auch der des Vogts ein umlaufendes breites Band mit Metallschnalle. Backenbart und Nackenhaare reichen bis zum Hemdkragen. Aus dem zweireihig geknöpften Frack, der arg schief zum Betrachter hin gedreht wird, schauen Schleifenkrawatte und Weste heraus. Der Kragen des Hemdes ist nicht mit steifen vorstehenden Ecken, sondern mit geradem Abschluß versehen.
Die Frau des Vogts ist nicht minder fein und „up to date" gekleidet: Der größte Teil ihrer Frisur wird von einer verspielt modisch-bürgerlichen Haube verdeckt, nur einige Lockensträhnen schauen darunter hervor. Sie wird zum Gesicht hin von einer Spitzenrüsche gerahmt, die durch weiße Punktreihen angedeutet ist. Die mit „Federbüschen" oder einem ähnlich weichfallenden Material verzierte Frauenhaube schließt am Hals mit einer unterhalb des Kinns gebundenen Schleife ab. Das in der Taille noch hoch angesetzte Kleid wird unterhalb des Busens von einem Gürtel mit Metallschnalle gehalten. Um die Halspartie ist eine offensichtlich aus durchsichtigem Stoff gefertigte Halskrause mit Spitzenbesatz gelegt, die bis zu den Schultern reicht, so daß ein Einblick in das Dékolleté „verschleiert" wird. Über dieser Spitzenkrause hängt eine Halskette. Der faltenreiche Puffärmel ist kurz und am Rand mit Spitze gefaßt. Die vornehme Vogts-(Bauers-)Frau hat kein Schultertuch umgelegt und trägt offensichtlich auch keine Schürze, wie dies sonst bei Bauersfrauen zu der Zeit der Fall ist.

Erläuterungen
der
Farbtafeln

Farbtafel I: Familie Bauer NEW., Badbergen

1818

Dieses „Stubenbild“, auf dem, in kleinen Gruppen geordnet, neun Personen ganzfigurig mit Schere und Pinsel „konterfeit“ wurden, wird als „Familienstück“ bezeichnet. Hier wird ein für die Artländer Bauernfamilie NEW. (aus dem Kirchspiel Badbergen, Landkreis Osnabrück) überaus denkwürdiges Ereignis festgehalten, nämlich die Aussöhnung zwischen Schwiegervater und Schwiegersohn. Laut Signatur und Datum (rechts oben an der Tür) wurde dieser „historische“ Tag am 1. Ju (ni oder Juli) des Jahres 1818 durch den „Sielhouetteur Dilly“ in einem „Bilddokument“ verewigt (Breite 79,7 cm, Höhe 52,5 cm). Monat und Jahr der Auftragserteilung für diese große gemalte Silhouette scheinen auch nicht willkürlich gewählt zu sein, da der dargestellte Schwiegersohn und Hofbesitzer am 25. 6. 1818 die Vollendung seines 50. Lebensjahres begehen konnte. Dieses Jubiläum scheint alle Betroffenen nachdenklich und versöhnlich gestimmt zu haben.

Farbtafel I

Die Hofüberlieferung weiß zu berichten, daß zwar die Eltern des Ehepaares NEW. mit einer Heirat ganz und gar einverstanden waren, aber doch darauf bestanden, daß ihr zukünftiger Schwiegersohn auf ihren Hof – also auf den Hof seiner zukünftigen Frau – aufheiraten sollte. Selbst aber Hoferbe, wollte der Schwiegersohn auf seinem elterlichen Hof verbleiben. Das junge Paar handelte recht eigenständig in dieser verzwickten Situation, ritt bei „Nacht und Nebel“ davon, ließ sich im über 120 km entfernten Burgsteinfurt heimlich trauen und verblieb fortan auf dem ererbten Hof des Schwiegersohns, ohne die Nachfolge auf dem Hof der Frau anzutreten. Am 1. Ju.. 1818 sind alle Unstimmigkeiten ausgeräumt, Schwiegervater und Schwiegersohn reichen sich die Hand zur Versöhnung und rauchen die „Friedenspfeife“.
In Kenntnis dieses „Familiendramas“ machte der Künstler diese beiden Männer zum thematischen, aber auch kompositorischen Blickpunkt des Bildes.
Die beiden Männer, Vater und Großvater, sind auf den ersten Blick fast identisch gekleidet (schwarzer Rock, „Habit à la française“, mit wadenlangen Schößen und hochgestelltem Halskragen, goldene Uhrkette mit Schlüssel und Petschaft, Kniebundhose mit Silberschnallen, blaue Wollstrümpfe, leichte Halbschuhe mit niedrigem Absatz und Schleifchen), abgesehen von dem weißen Stehkragen, der nur beim Vater der Familie NEW. sichtbar wird. Der Haarschnitt ist unterschiedlich: während der Vater den modischen kurzen Schnitt vorzieht, trägt der Schwiegervater die Haare lang und strähnig bis über den hochstehenden Kragen. Beide Männer haben als Kopfbedeckung zeittypische Zylinder mit breiter hochgeschlagener Krempe gewählt, die an der Hakenleiste an der Wand hängen. Die silbernen Kniebundschnallen der Männer sind eigentlich an der falschen Seite, der Innenseite, angebracht; auf diese Weise werden sie nicht von den Frackschößen verdeckt, und der Bildauftraggeber kann auch diesen Schmuck präsentieren.
Zur Stubentür gewandt steht der fast fünfzehn Jahre alte Sohn und zukünftige Anerbe, der wie die anderen Artländer „jungen Männer“ der bäuerlichen Oberschicht (vgl. Taf. III, IV) mit Zylinder, schwarzem Anzug mit kurzen Rockschößen, langer Röhrenhose, Stiefeln mit flachen Absätzen, Hemd mit weißem Stehkragen und Weste mit Schleifenkrawatte bekleidet ist; auch er zeigt eine goldene Uhrkette und trägt die Haare kurzgeschnitten wie der Vater.
Nicht minder ansehnlich und modisch in ihrer Bekleidung sind die vier Töchter des Hofes: Wie die Mutter tragen alle ein geblümtes und gestreiftes Empirekleidchen mit hoher Taille; der Hals wird bei den älteren drei Mädchen (14, 11, 8 Jahre) von einer Spitzenrüsche umschlossen, die unter dem „Fichu-Schultertuch“ noch so eben hervorschaut.
Die zweitjüngste, nur drei Jahre alte Tochter hat stattdessen eine weiße, sehr breite „biedermeierliche“ Halskrause mit Spitzenbesatz. Die drei älteren Mädchen haben wie ihre Mutter ein Tuch umgelegt, das die gesamte Schulterpartie umhüllt und zum Rücken hin spitz ausläuft; es wird vorne durch eine goldene Gürtelschnalle gehalten. Die Rückenspitzen dieser Tücher sind mit einem Blumenmotiv verziert. Alle „Damen“ tragen leichte, absatzlose Schleifchenschuhe und weiße Strümpfe. Die älteren zwei Mädchen, links im Bild, halten das „Strickzeug“ in der Hand, und von ihrem Arm hängt der Stoffbeutel für das Strickgarn. Die jüngeren Töchter, rechts im Bild, haben dagegen ein geflochtenes Armkörbchen sowie ein Blumensträußchen bzw. eine Rassel (oder Trompete) in der Hand. Bei allen vier Mädchen ist der „bürgerliche“ Kurzhaarschnitt unverkennbar vorhanden. Auch den Säugling hat die Mutter mit ins Bild aufnehmen lassen, ein Mädchen mit grünem Kinderhäubchen, weißer Spitzenhalskrause, langfallendem buntem Kleidchen sowie weißen Strümpfchen. Die Bäuerin, auch sie zukünftige Erbin eines Hofes, verfügt über kostbaren Goldschmuck: goldene Ohrringe, goldene Fingerringe, vielgliedrige Halskette mit Gehänge und großer Nackenschließe. Selbstverständlich trägt sie

Farbtafel II: Familie Bauer LWN., Menslage

auch die mit Brokatstickerei geschmückte Artländer „Goldhaube", die durch den breiten weißen Rüschenspitzenbesatz besonders betont wird. Das gestreifte hochtaillierte Empirekleid, das aufwendige, große und reich bestickte „Fichu-Schultertuch", die schwarze mit einer Rüschenborte umrandete Schürze (vorn gehalten durch einen Gürtel mit goldener Schließe) sowie die leichten, absatzlosen Schleifchenschuhe signalisieren deutlich, daß diese vermögende Bäuerin den allgemeingültigen Modetrend der Zeit und Region kennt und auch „mitträgt".
Die auf dem Bild präsentierten Möbel sind nach Art und Zahl nicht überaus üppig: zwei zueinander passende gedrechselte Binsenstühle mit hoher Lehne und grün gemusterten Sitzkissen sowie ein „Hockerstuhl". Aus einer späteren Stilepoche als die Lehnstühle ist auch der schlichte, quadratische Tisch, auf dem ein komplettes Service steht: zwei gemusterte Porzellankannen für Kaffee und Milch, eine Zuckerdose und sieben Tassen (sowie sechs Untertassen, die siebte ist vermutlich gerade in der Hand der Mutter). An der Kaffeetafel sollen also anscheinend alle Personen beteiligt werden, bis auf die zwei „Rüschen-Halskrausen-Kinder", die beide wohl für das „Genuß- und Nahrungsmittel" Kaffee noch zu jung sind.
Auffallend kärglich ist die Dekoration der großflächigen weißen Stubenwände. Der Wandsockel unterhalb der Stuhlleiste ist gelblichweiß gestrichen und durch Farbtupfer angereichert. Zwischen den blau gestrichenen „englischen" Sprossenfenstern hängt der „obligate" Wandspiegel (Original-Spiegelglas), der mit seinem geschnitzten und vergoldeten Vasenmotiv im Empirestil gearbeitet ist. Die Fenster sind in der unteren Hälfte durch reich gemusterte „Häkelgardinen" (Spanngardinen) verhangen, hier wiedergegeben durch gestanztes (also vorgefertigtes) „Luxuspapier". Die einzelnen Wände sind durch farblich abgesetzte Rahmungen gegliedert und zur Decke hin voneinander abgehoben. Die mit einem großen Messingschloß ausgestattete Füllungstür hat keine Fenster, wie sonst bei Stubentüren, die zum Herdraum geöffnet werden. Da der Standort eines Stubenofens auf diesem Bild nicht wiedergegeben ist, kann deshalb auch nicht eindeutig bestimmt werden, ob die einzige hier gemalte Tür zum Herdraum oder in eine sich anschließende Kammer führt. Eine kurze Meerschaumpfeife hängt auf dem Haken am Wandbort.

Farbtafel II

Im Jahre 1754 ließ sich der Bauer LWN. (Kirchspiel Menslage, Landkreis Osnabrück) ein neues Erbwohnhaus (Bauernhaus) erbauen. Aus dieser oder etwas späterer Zeit könnte noch die spätbarocke Stubeneinrichtung stammen, die von Dilly in dem gemalten Scherenschnittbild der Familie LWN. mit großer Sorgfalt und Liebe zum Detail „abgebildet" wurde. Dieser Scherenschnitt – jetzt in der Sammlung des Museumsdorfes Cloppenburg – ist zwar ein Torso, aber das zentrale Thema dieses Genrebildes, die Familie selbst, ist fast unzerstört. Auch die Rekonstruktion des Stubeninterieurs kann im wesentlichen noch gelingen.
Die ehemals sicherlich vorhandene Signatur des Bildes – wohl auf den verlorenen Papierstücken angebracht – fehlt heute. Der Vergleich mit den signierten Artländer Silhouettenbildern erlaubt die klare Feststellung, daß dieses jetzt noch 37 cm hohe und 59,5 cm breite Scherenschnittbild um 1816/18 von Caspar Dilly gemacht sein wird. Die exakten Altersangaben „zur Person" fehlen derzeit noch.
Ebenso vornehm wie das Stubenmobiliar und die Kleidung der Familie ist die Art der Silhouette selbst. Alle Personen sind, wie es die klassische Silhouette verlangt, in schwarzem Papier geschnitten, das kaum bemalt, wohl aber durch feine „Nadelarbeit" stark markiert ist. Der modische Schnitt der Kleidung sowie alle Accessoires sind trotz des einheitlichen Papiers leicht zu „diagnostizieren".
Die Bäuerin ist, wie auf anderen Artländer Scherenschnittbildern, in der Pose der „Schöddelkaffee"-Trinkerin wiedergegeben (in der linken Hand die Untertasse, in der rechten der runde Zuckerzwieback). Farblich hervorgehoben ist nur ihr Goldschmuck (goldene Ohrringe, mehrgliedrige goldene Halskette mit Anhänger sowie zwei goldene Ringe an der rechten Hand). Auf dem Kopf trägt sie die bekannte Artländer Goldbrokat-Zweistücksmütze mit umlaufendem, wiehrenverstärktem buntem Rüschen-Spitzenbesatz. Die Haube wird durch ein unter dem Kinn zur Schleife gebundenes Band gehalten. Zusätzlich hat diese Haube oben ein langgezogenes „Schleifengebinde", das bei den übrigen Artländer Goldhauben auf den Dilly-Bildern nicht vorhanden ist. Ein großes „Fichu-Schultertuch" mit Spitzenbesatz, das

Farbtafel III: Familie Bauer RW., Badbergen

1818

vorn in zwei Zipfeln weit über die nicht allzugroße Schürze fällt, ist über das gestreifte hochtaillierte Empirekleid gelegt. Das langfließende Kleid ist am unteren Rand mit doppelten gerafften „Rüschen" gesäumt. An den Füßen trägt sie leichte, absatzlose Schleifchenschuhe.

Der Bäuerin gegenüber sitzt ihr pfeiferauchender Mann. Seine Meerschaumpfeife hat einen metallenen Klappdeckel. Vor ihm auf dem Tisch steht der große, irdene (?) Tabakstopf. Der Bauer ist ebenso modisch gekleidet wie seine Frau: zweireihig geknöpfter Frack mit zusätzlichen Knöpfen an den Schößen, Stehkragen mit hoher Spitze, Schleifchenkrawatte, enganliegende, in die Stiefel gesteckte Beinkleider („Pantalons"), die „Reitstiefel" selbst mit vorn hochgezogenen und zur Seite konkav ausschwingenden Schäften. Als einziger Schmuck ist eine silberne Uhrkette mit Schlüssel sichtbar. Die Haare trägt er modisch kurzgeschnitten.

Ein Empirekleid wie die Mutter, trägt auch das kleine Mädchen mit geflochtenem Armkorb und Zuckerkuchen in den Händen. Kurzgeschnittene Lockenfrisur, breiter Spitzenrüschen-Kragen, Empirekleid und hoch in der Taille geschnürte Schürze sowie absatzlose Schleifchenschuhe „kleiden" das Kind.

Das Mobiliar in der Stube ist stilvoll aufeinander abgestimmt und im Verhältnis zu den anderen Stubenbildern, die C. Dilly überliefert hat, aufwendiger als allgemein angenommen. Als eine Möbelgruppe in einheitlicher Stilform und vermutlich aus ein und derselben Aussteuer sind Stühle, Tisch, Wandspiegel und Spiegelkommode zu erkennen. Die Stuhlgestelle – ob Lehne, Beine oder Quersprossen – sind insgesamt elegant geschwungen und haben einen eingelassenen, grünbezogenen Polstersitz. Die Füße der Stühle sowie des Tisches sind in gleicher Form als sog. „Klauenfüße" ausgeformt. Auf dem Tisch liegt eine geblümte grüne Decke (oder als Intarsienarbeit zu deuten?), darauf stehen das Kaffeegeschirr (Kaffee- und Milchkanne), die Zuckerdose, der Tabakstopf, das mit Blumen dekorierte Tablett für runde Zuckerzwiebäcke, die Kaffeetassen nebst Untertassen (drei Gedecke!) sowie ein Silberlöffel und eine silberne Zuckerzange. Das Prunkstück dieser Stube ist die rechts im Bild neben dem Ofen aufgestellte Kommode mit Aufsatz. Wie der Wandspiegel in der Mitte des Bildes hat dieser Aufsatzschrank (auch in der Silhouette) eine große, von geschnitzten und vergoldeten Rokoko-Ranken gerahmte Spiegelglastür. Die unteren drei Züge dieses Möbels mit goldfarbenen Beschlägen sind charakteristisch für eine Kommode, die vierte „Lade" dürfte als ausziehbarer „Schreibtisch" konstruiert gewesen sein. Den krönenden Abschluß dieser „Spiegel-Schreibkommode mit Aufsatzschrank" bilden drei geschnitzte und vergoldete Blumenarrangements auf Postamenten.

Links im Bild ist als „Torso" ein polychrombemalter zweitüriger Artländer Kleiderschrank im Stil des Barock (Pilastergliederung mit geschnitzten Kompositkapitellen) zu erblicken. In der Regel stehen die Kleiderschränke in der großen Kammer und nicht in der Stube. Vor einem markierten Wandvorsprung steht der vom Herdraum aus zu beheizende, mehrstöckige gußeiserne Hinterlader-Plattenofen. Viel Mühe und Sorgfalt erforderte es vom Silhouetteur, die reiche Rokoko-Relief-Ornamentik auf dem Ofen durch Nadelritzung kenntlich zu machen. Das mittlere Ofengeschoß hat eine hohe rundgewölbte Nische, in die man beispielsweise eine Kaffeekanne zum Warmhalten hineinstellen konnte.

Die Wände dieser Stube sind weiß gekalkt wiedergegeben und haben weder Wandsockel noch umlaufende Stuhlleisten. Von der Decke aber sind sie durch farbliches Profil abgesetzt. Der Fußboden besteht aus graugetönten langen Eichendielen.

Die Familie des Bauern RW. aus dem Kirchspiel Badbergen (Landkreis Osnabrück), läßt am Sonntag, dem 12. Juli 1818, dieses „Stubenbild" durch den „Sielhouetteur" C. Dilly anfertigen (Breite 75 cm, Höhe 47 cm). Der gegebene Anlaß könnte der kurz bevorstehende 20. Geburtstag (23. 7. 1818) des rechts im Bilde dargestellten Adoptivsohnes und zukünftigen Hoferben sein.

Farbtafel III

Oberhalb des braun getönten Deckenbalkens (zum Betrachter hin mit einem Blumenmotiv verziert) sind die Namen und Geburtsdaten aller dargestellten Personen von Dilly vermerkt (hier aber aus rechtlichen Gründen getilgt), so daß aufgrund dieser Angaben und weiterer Quellen exakte Aussagen „zur Person" gemacht werden können: Links im Bild auf dem Binsenstuhl sitzt der Colon, der Besitzer des Hofes, geb. 1763 in Kirchboitzen bei Rethem an der Aller und seit 1795 verheiratet mit der Hoferbin M. A. RW. Kurz vor 1795 war er – wie überliefert – als Wachtmeister eines hessischen (?) Regiments (Regiment Randor) während der Koalitionskriege gegen die französische Republik auf dem Hof RW. vorübergehend „einquartiert" und lernte in dieser Zeit seine spätere Frau kennen. Auch wird von ihm erzählt, daß er in Frankreich die französische Revolution miterlebt habe. Der Colon RW. war also als Nichteinheimischer auf den Hof aufgeheiratet. Gekleidet ist der Colon auf dem Bild in festlichem „Sonntagsstaat“: Auf dem Kopf der klassische Zylinder mit breiter hochgeklappter Krempe, ein hoher weißer Kragen mit steifaufgerichteten Spitzen schaut unter einer braungestreiften Weste ebenso hervor wie eine zur Schleife gebundene schwarze Krawatte. Der Frack hat langherabfallende Schöße, ist (durch Nadelritzungen kenntlich gemacht) auf der Vorderseite mit langen Knopfreihen versehen und hat breite, umgeschlagene Ärmelmanschetten. Die enganliegende Hose ist an den Beinen seitlich geknöpft und oberhalb der langschäftigen Stiefel mit Silberschnallen verziert. (Die silbernen Kniebundschnallen sind hier richtig an den Außenseiten der Hose befestigt; vgl. Männer auf Taf. I). Die lange holländische Tonpfeife unterscheidet sich von denen, die ansonsten von den Artländer Bauern bevorzugt werden. Der Bauer RW., zur Entstehungszeit des Bildes 55 Jahre alt, trägt im Gegensatz zu seinem Schwager einen Anzug, der ganz und gar dem „Trend“ der Aufklärungs- und der französischen Empire-Mode entspricht.

Auch die nur um ein Jahr jüngere Ehefrau ist in zeittypischer Sonntagskleidung dargestellt, im hochtaillierten Empirekleid mit darübergelegtem, vorn lang über die Schürze fallendem „Fichu-Schultertuch“ (auf dem Rückenteil des Tuches eine große Blume), das hier durch eine goldene Gürtelschließe zusammengehalten wird. Als weiteren wertvollen Schmuck trägt die Bäuerin ein goldenes Halsband mit ebenfalls goldenem Gehänge, ähnlich dem in Nordwestdeutschland weitverbreiteten zeitgenössischen „friesischen“ Halsschmuck. Ihr „Signum“ als Artländer Bauersfrau ist die mit Goldbrokat reich bestickte sogenannte „Zweistücksmütze“ (Abb. 16, 18) umrandet von einer breiten spitzenverzierten Rüsche. Auch die leichten absatzlosen Schuhe mit Schleifchen sind zeittypisch und zum Empirekleid passend.

Dem bäuerlichen Ehepaar gegenüber sitzt am Tisch ein Mann mit blauer Zipfelmütze; es ist der 59 Jahre alte und wegen Krankheit nicht erbberechtigte Bruder der Bäuerin RW. Im Gegensatz zur Sonntagskleidung des Bauern trägt er werktägliche Kleidung: Holzschuhe, lange Strümpfe, gestreifte Kniebundhose, kurze Jacke mit doppelter Knopfreihe (Kamisol) und eine lange blauweiße Zipfelmütze, unter der die Haare lang (wesentlich länger als bei den anderen Männern auf diesem Bild) hervorquellen (vgl. Abb. 27).

Das Ehepaar RW. war kinderlos und adoptierte als zukünftigen Hoferben den Neffen der Bäuerin; er ist ganz rechts im Bilde dargestellt, im Alter von fast 20 Jahren. Ebenso wie sein Adoptivvater ist er modisch und standesgemäß gekleidet: schwarze Jacke mit kurzen Schößen sowie Frackhose mit langen Beinkleidern. Die modischen Schuhe haben flache Absätze. Bunte Weste, Krawatte und weißer Stehkragen sind gleichfalls als zugehörige modische Accessoires deutlich hervorgehoben; unterhalb der kurzen Jacke baumelt die goldene Uhrkette mit Petschaft. In der linken Hand hält er eine Peitsche.

Das Genrebild der bäuerlichen Familie RW. spiegelt nicht nur die Kleidermode der Artländer Bauern dieser Zeit wider, sondern auch deren Wohnwelt und „Stubenkultur“ (Stubengröße: 4,42 m × 3,72 m, Höhe: 2,70 m). Drei Stubenwände sind in ihrer detaillierten Gestaltung dem Blick des Betrachters freigegeben; die vierte fehlende Wand – aus dem rezenten Zustand dieser noch vorhandenen alten Stube ablesbar – bildete eine getäfelte, reich geschnitzte und einstmals auch farbig angelegte Eichenholzwand mit mehreren Schiebetüren für sog. „Wandbetten“ („Alkoven/Durke“) und mit einer Durchgangstür zur benachbarten großen Kammer. Der vom Herdraum zu beheizende und nach dorthin auch seinen Rauch abführende sogenannte „Hinterlader-Ofen“ ist ganz links im Bild „originalschwarz“ als zweigeschossiger Plattenofen dargestellt und durch Nadelstiche detailgetreu dokumentiert: Der Ofen ist auf ein Rokoko-Eisengestell aufgebockt, die Vorderplatte trägt als Relief das „springende Pferd“; alle anderen Platten sind mit Blumen verziert (die eingeritzte Jahreszahl 1818 bezieht sich auf die Entstehung des Bildes). Die Deckplatte des eigentlichen Unterofens ist mit Eisenbügeln an den Seitenplatten befestigt. Der Aufsatz hat stets eine zur Tür hin offene kleine Nische (zum Einrücken und Warmhalten beispielsweise einer Kaffeekanne). Die rotbraun gestrichene Füllungstür führt in den Herdraum und hat in der oberen Türfüllung ein kreuzgeteiltes Sprossenfenster ohne Gardine; ein Blick auf das Geschehen im Herdraum und auf der Diele ist daher möglich. Das übrige Mobiliar dieser Stube besteht aus einer „klassisch“ einfach gestalteten Standuhr (Uhrzeit: 15.30 Uhr), aus einem schlichten Tisch mit vierkantigen, sich nach unten verjüngenden Beinen sowie aus vier gedrechselten Binsenstühlen mit einem „Lyra-Motiv“ in der Rückenlehne; all dies ist – wie der kleine gerahmte Wandspiegel (Original-Spiegelglas) zwischen den Fenstern – im Stile des Empire gearbeitet. Also weder die Kleidung der Bauern noch die Inneneinrichtung der Bauernstube geben Unmodernes oder typisch Bäuerliches zu erkennen. Auch die Fenstergestaltung ist „auf der Höhe der Zeit“; denn die seit dem Mittelalter auch im Bauernhaus hierzulande üblichen Bleiglasfenster wurden zugunsten der helleren „englischen“ Sprossenfenster ausgewechselt. Da der Bauernhof RW. weit von seinen nächsten Nachbarn entfernt lag, war ein Einblick von außerhalb nicht zu befürchten, vielleicht ein Grund dafür, Gardinen vor den Fenstern fehlen zu lassen. Der

einzige Schmuck vor den Fenstern sind Geranien im „Blumentopf". Bemerkenswert ist die Gliederung der Wände: eine ringsumlaufende hölzerne „Stuhlleiste" sowie die Dunkelfärbung der Wände unterhalb dieser Leiste bewirken eine Horizontalgliederung dieser Stubenwände. Oberhalb der dunkleren Wandzone könnte man bei den großen Freiflächen Bildschmuck vermuten, der jedoch insgesamt fehlt. Nur Wandspiegel, „Stangenuhr" (Uhrzeit: 16.30) und Meerschaumpfeife hängen an der Wand zwischen den Fenstern.
An der „Kaffeerunde" beteiligen sich offensichtlich nur die Eltern, denn es sind nur zwei Gedecke auf dem Tisch (und wieder eine Kaffee- und eine Milchkanne). Vor dem Schwager liegt ein Gebäck, das auch die Bäuerin zum Kaffee genießt.
Laut Überlieferung ist der Vogel auf der Stuhllehne ein Papagei, dem einige lustige „Sprüche und Begebenheiten" nachgesagt werden.

Farbtafel IV

Keine Familienszene, sondern eine reine „Männerwelt" ist hier dargestellt: Denn nicht alle Mitglieder der Familie des Artländer Bauern AV. aus dem Kirchspiel Badbergen (Landkreis Osnabrück) durfte C. Dilly in der Stube darstellen, nur die beiden ältesten Söhne. Als am Dienstag, dem 18. August 1818, dieses Genrebild hergestellt wird, zählen außer diesen beiden Jungen noch der drei Monate alte Säugling Schwiethard sowie die Schwester Adelheidt zur Familie, letztere feierte an diesem Tag den 17. Geburtstag. Warum sich der Auftrag einzig und allein auf die „jungen Männer" konzentriert, die sich – nach unseren heutigen Maßstäben gemessen – ohne die Eltern in der Stube eigenwillig gebärden dürfen, ist nicht erklärlich. Der noch nicht ganz 15 Jahre alte Sohn Henry sitzt auf einem Binsenstuhl und greift mit seiner rechten Hand nach einem Schnapsglas; die danebenstehende Schnapsflasche ist noch dreiviertel gefüllt. Der im gleichen modischen „Look" dargestellte 7jährige Bruder Hermann (kurzgeschnittenes Haar, blaue Jacke mit kurzen Rockschößen, gleichfarbige lange Röhrenhose, weißer spitzer Stehkragen, bunte Krawatte und rotgestreifte Weste, weiße Strümpfe, absatzlose Schuhe mit Schleifchen, silberne Uhrkette mit Petschaft) hält in der rechten Hand eine erlegte Stockente; auch für ihn steht ein Glas auf dem Tisch. Das Thema „Nach der Jagd" spielt die zentrale Rolle auf diesem Bild, denn zwei Jagdgewehre („Vogelflinten"?, Steinschloß-Vorderlader) stehen an die Wand gelehnt, darüber hängen an der „Durkwand" zwei große, überdimensional gemalte Reisetaschen, auf dem Tisch liegt ein totes Rebhuhn (?) und auf dem Fußboden liegen ein Hase (oder Kaninchen) sowie zwei weitere tote Vögel (Tauben?), alle gut bewacht von einem großen, buntgefleckten langhaarigen Hund, der der heutigen Hunderasse des „buntscheckigen Münsterländers" ähnlich ist. Die beiden „kleinen Herren" im Modestil der sog. „englischen Aufklärungskleidung" haben ihre breitkrempigen Zylinder auf die Haken über der Tür gehängt. „Modisch-englisch" sind auch die „Girlanden-Empirestühle" mit ihren kantig gestalteten Beinen, der schlichte Tisch sowie der Wandspiegel aus originalem Spiegelglas, der mit Bronzeapplikationen versehen und oben mit Blumen verziert ist.
Die Wohnstube ist offensichtlich nicht überaus geräumig, wirkt aber gemütlich und bunt. Die grau gestrichene Füllungstür führt in den Herdraum; in ihrer Mitte hat sie ein ovales Fenster, das mit einer gerafften grünen Gardine verhangen ist. Somit ist es möglich, von der Stube aus die „Leute" in der Diele und im Herdraum zu beobachten, ohne selbst der Gefahr zu erliegen, vom Personal observiert zu werden. Neben der Stubentür an der gleichen Wand steht ein gußeiserner „Kanonenofen", der auch hierzulande gegen Ende des 18. Jahrhunderts aufkommt und den im Typ älteren „Platten-Hinterladerofen" immer mehr verdrängt. Dieser aus mehreren Eisenringen etagenförmig aufgebaute „Vorderlader-Ofen" wird von der Stube aus befeuert, wohingegen der Rauch durch ein langes Ofenrohr (mit Schieber) nach wie vor in den Herdraum abgeleitet wird. Mit der stumpfen Nadel wurde dieser Ofen von C. Dilly in allen Einzelheiten „gezeichnet". Die weiße Rückwand hinter dem Ofen wurde als „Ofennische" durch Profilhölzer markiert. Die Fenster – im selben Farbton gestrichen wie die Stubentür – sind wieder in der Form der „englischen" Holzsprossenfenster gestaltet, die dem Raum soviel Licht wie möglich geben; auch hier fehlen, wie bei den Stubenfenstern der Bauernhöfe RW. und LWN., die Vorhänge, so daß dem „Außenstehenden" ein Einblick in das Stubengeschehen, falls ihm der Zutritt zur Hofseite gelingen konnte, möglich war.
Der Stubentür gegenüber hängt ein breiter geraffter Vorhang tief an der Wand herab, aus demselben grünen Stoff gefertigt wie die kleine Gardine vor dem Stubenfenster. Hinter dieser „Verkleidung" befindet sich ein sog. „Durk" („Alkoven"), ein wandfestes „Schrankbett". (Ob

Farbtafel IV: Söhne des Bauern AV., Badbergen

die auf diesem Bild fehlende vierte Wand ursprünglich als holzgetäfelte Durkwand gestaltet war, wie dies bei der Mehrzahl der Artländer Stuben zur Mitte des 18. Jahrhunderts noch üblich war, muß unbeantwortet bleiben; vermutlich ist dies aber nicht der Fall, da nach 1800 das Kammerfach im Artländer Bauernhaus oftmals kleinteilig gegliedert wurde und im Anschluß an die Stube bzw. Stuben noch kleinere Schlafkammern angefügt wurden.) Wie das Bild erkennen läßt, ist der „Durk“ auch von der Stube her „besteigbar“, oder anders formuliert, die Stube ist auch Vor- und Umkleideraum für das „Schlafgemach“.

Wie bei den Stubenbildern RW. und SL. (Taf. III, VI) liegt auf den Sitzflächen der Binsenstühle kein Sitzkissen; auch fehlt jeder Bildschmuck an den Wänden. Bei den Artländer Stubenbildern wird von Dilly jedesmal die Laufrichtung und Breite der Fußbodenbretter angegeben, meist in schmutziggrauer Farbtönung. Die Art der Deckengestaltung wird in diesen Bildern aber – wie bei fast allen Stubenbildern dieser Region – nicht genauer dargestellt, sondern nur in einer dunklen Grautönung gegenüber den weißgelben Wänden abgestuft. Mithin wirken diese Stubendecken wie verputzt und gestrichen.

Auch dieses Stubenbild des Hofes AV. (Höhe 38,5 cm, Breite 48,0 cm) trägt die Signatur des Künstlers, und zwar an der Türwand oberhalb der Zylinder: „Sielhouetteur Dilly, den 18. Au. 1818“. Die in Höhe der Stubendecke in Ansatz gebrachte Signatur hat damals wohl keinen Zuspruch gefunden und wurde wieder übermalt.

Vom 7jährigen Hermann AV. liegt noch eine Einzel-Silhouette vor (Höhe 32 cm, Breite 25 cm, mit Rahmen), angefertigt am Montag, dem 24. August 1818, von C. Dilly (s. Abb. S. 78). Der „Kinderfrack“ ist auf diesem Bild durch Nadelritzungen im Schnitt und in den Accessoires noch deutlicher wiedergegeben als auf dem großen Scherenschnitt. In der Hand trägt der Knabe Hermann jetzt eine kleine, mit vier Seiten bespannte Violine nebst Bogen. Die „Knaben-Silhouette“ hat als Untergrund grünes Glanzpapier, das auch für die grünen Vorhänge auf dem Stubenbild verwendet worden ist.

Farbtafel V

Am Freitag, dem 2. April 1819, erhält C. Dilly (Signatur und Datum in der Mitte am unteren Bildrand vorhanden) den Auftrag, die Artländer Familie ML. mit dem Schwiegervater A. (die Schwiegermutter ist bereits vor 20 Jahren verstorben) – alle aus dem Kirchspiel Badbergen (Landkreis Osnabrück) – zu silhouettieren und diese Darstellung als „Familienstück“ in der Stube des Bauernhauses zu komponieren (Höhe 41 cm, Breite 60,5 cm). Dieses Familienbild entsteht, drei Monate bevor der Erbhofbauer Johann ML. die Vollendung seines 40. Lebensjahres begehen kann.

Die Personen in der geräumig wirkenden Bauernstube bilden mehrere Gruppen, so daß sich dem Betrachter ein reizvolles und abwechslungsreiches Arrangement darbietet. Links vor der Tür, die in den Herdraum führt, steht der 71 Jahre alte Schwiegervater, gekleidet im Modestil der „Aufklärung“: Frack und Zylinder, weißer Stehkragen, bunte Weste, bunte Schleifenkrawatte, Halbschuhe mit flachem Absatz und Silberschnallen. Die schwarze Kniebundhose sowie die weiß gemusterten Wollstrümpfe sind in dieser Form schon im 18. Jahrhundert üblich gewesen. Die unter dem Hut lang auf die Frackjacke herabfallenden Haare sowie der sehr lange, mit Silberknauf und herabhängenden Quasten verzierte Spazierstock aus „echtem spanischem Rohr“ („Malakkarohr“) – eher ein Zeichen der Würde für den angesehenen Großbauern, denn ein Spazierstock – sind wie die Schuhschnallen Reminiszenzen der voraufgegangenen Epoche. Den altmodischen „Dreispitz“ trägt selbst der hochbetagte Bauer nicht mehr.

Vor dem Großvater steht – nach der Kleidung zu urteilen – ein kleines Mädchen, das in der Rechten einen Zuckerzwieback hält. Bis zum Jahre 1819 hatte das Ehepaar ML. vier Kinder, zwei Jungen und zwei Mädchen, die alle auf diesem Bild dargestellt sind. Der jüngste Sohn Jürgen war im Jahre 1819 gerade sieben Monate alt; so kann man annehmen, daß das kleinste Kind auf dem Bild der Säugling Jürgen sein soll. Gekleidet ist er in einem gelbbraun gestreiften Empirekleidchen mit weitem weißem Rüschenkragen und weißem spitzenbesetztem Häubchen, an den Füßen trägt er kleine Empire-Schuhe. Knaben bis zum zweiten oder dritten Lebensjahr in Mädchenkleidung zu stecken, war zu dieser und auch zu

Farbtafel V: Familie Bauer ML., Badbergen

Die
Familie Middendorff.
N. Arenhorst.
1819.

späterer Zeit allgemeine Gepflogenheit. Als Säugling wird ihm auf dem Bild aber vorzeitig „Standfestigkeit" verliehen. (Eine noch unvollständige Genealogie dieser Familie ist aber angesichts der hohen Detailtreue C. Dillys nicht ganz auszuschließen.)
Allein am Tisch sitzt die Mutter, die am 28. April 1819 35 Jahre alt wird. Sie hält in der Rechten die Untertasse, um gemäß der ländlichen Sitte der Zeit daraus den Kaffee zu trinken. Wie andere Artländer Frauen der bäuerlichen Oberschicht ist sie modisch und standesgemäß sonntäglich gekleidet: grüngestreiftes Empirekleid mit hoher Taille, absatzlose Empireschuhe, weiße Strümpfe, großes weißes, spitzenbesetztes „Fichu-Schultertuch", das vorn weit über die Schürze fällt und dessen lange Zipfel oberhalb der Schürze mit einer goldenen Schließe zusammengehalten werden. Eine goldene Halskette mit goldenen Kettenanhängern reicht bis ins Dekolleté. Regionalgeprägt ist auch die Frauenhaube, eine Goldbrokat-Zweistücksmütze mit umlaufendem breitem Spitzen-Rüschenbesatz. Zur „typischen" Kleidung der Bauersfrau gehört ebenso die lange schwarze Schürze, die mit Rüschenborten ringsum reich verziert ist.
Als dritte Gruppe stehen sich Vater und Sohn gegenüber. Der mit einem grünen „Kinderfrack" (lange Röhrenhose und Jacke mit kurzen Schößen) bekleidete 12 Jahre alte Sohn trägt leichte flache Schuhe mit Schleifchen. Aus der Jacke schauen ein weißer Stehkragen, eine bunte Weste sowie eine bunte Schleifenkrawatte heraus. In der rechten Hand hält er ein grünes Vogelnest mit fünf Vögelchen, auf seiner linken sitzt ein etwas größerer Vogel.
Der Bauer ML. scheint auf den ersten Blick wie sein Schwiegervater gekleidet zu sein; dies betrifft nur den Zylinder und den Frack, dessen Schöße jedoch etwas tiefer bis zu den Waden reichen. Auffallend unterschiedlich sind aber die Beinkleider: Die weißgestreifte, enganliegende Hose ist tief in die Stiefelschäfte hineingesteckt, ist also keine Kniehose, sondern der Façon der französischen „Pantalons" nachgeschnitten. Nicht minder modisch sind die Stiefel, deren Schäfte vorn hoch ausschwingen (Reitstiefel). Aus der Weste unterhalb der Jacke hängt die Uhrkette mit Petschaft heraus, und oben am Hals sind der weiße Stehkragen, die Weste und die bunte Schleifenkrawatte sichtbar. In der rechten Hand hält der Vater die mit einem Silberdeckel verschlossene und mit einem langen Rauchrohr ausgestattete Meerschaumpfeife. Sein Haarschnitt ist insgesamt wesentlich kürzer als der des Schwiegervaters.
Die rechts im Bild einander zugeordneten Mädchen sind 6 und 10 Jahre alt und tragen wie das „Kleinkind" gestreifte gelbe Empirekleidchen und leichtes absatzloses Schuhwerk. Im Unterschied aber zu ihrem kleinen Bruder haben sie ein langherabfallendes weißes „Fichu-Schultertuch", unter dem sich eine hoch in der Taille ansetzende Schürze befindet. Der Haarschnitt dieser „kleinen Damen" ist – wie beim großen Bruder – ausgesprochen kurz gehalten, also modisch passend zur Gesamtkleidung. In der einen Hand tragen sie den geflochtenen Armkorb, in der anderen einen kleinen Blumenstrauß.
An „Mobilien" befinden sich in der Stube: vier „klassizistische" gedrechselte Binsenstühle, ein schlichter Tisch, ein mächtiger, rotbraun gefaßter Glasschrank sowie ein Spiegel im Louis-seize-Stil (aus Goldpapier geklebt). Nur drei Stühle (mit Louis-seize-Stiltendenz) sind einheitlich, der vierte (fast verdeckt) hat das „Empire-Lyramuster" als Lehnenmotiv. Der Stuben-Glasschrank mit geschweiftem Gesims sowie geschnitzter und farblich abgesetzter Amphore im gesprengten Giebel ist gefüllt mit Geschirr aller Art (mit dem schwarz „geschnittenen" Geschirr könnten Zinngegenstände gemeint sein). Der Tisch ist „randvoll" mit sogenanntem Thüringer Porzellan: große Kaffee- und kleine Milchkanne, Tassen mit hohen Untertassen. Außerdem liegen dort eine Zuckerschale, mehrere Silberlöffel sowie eine silberne Zuckerzange, ferner ein Kuchenteller, gefüllt mit runden Artländer Zuckerzwiebäcken. Vollgepackt mit Kinderspielzeug ist der freistehende Binsenstuhl: Rassel, Puppengeschirr, Püppchen etc. Zum wandfesten Mobiliar zählt der schwarze, reliefverzierte gußeiserne „Fünfplattenofen" mit Messingknäufen (sog. Handwärmer), ausgebildet als sog. „Hinterlader". Über dem Ofen deutlich markiert und farblich von der übrigen Wand abgehoben befindet sich die hervortretende „Ofennische". Der umlaufende Wandsockel unterhalb der Stuhlleiste ist dunkelblau gestrichen und durch dicke dunkle Farbtupfer bereichert. Die hohen Kreuzsprossenfenster sind in dieser Stube durch weiße geraffte Gardinen bis zur zweiten Sprosse (im Artland genannt „Rute") verhangen, der ungehindert freie Blick in den Garten ist versperrt; man will unbeobachtet bleiben. Dies Abgrenzen zeigt sich auch an den Fenstern der Stubentüren. Die Stube des Bauern ML. verfügt über zwei Türen, die erste links im Bild führt in den Herdraum, die andere dagegen in eine hinter dieser Stube sich anschließende Kammer. Beide Türen haben ein durch Gardinen verhangenes Fenster, so daß ein kontrollierender Blick nach allen Seiten von der Stube aus möglich ist. Dieses Stubenbild gibt erstmals klare Auskunft darüber, daß der Deckenabschluß hier aus breiten, zum Fußbodenbelag querverlaufenden Bretterbohlen besteht. Decken- und Fußbodenbretter sind in gleicher Farbtönung gehalten; ansonsten dominiert farblich in der Stube der weiße Kalkanstrich der Wände.

Farbtafel VI: Bauernehepaar SL. Badbergen

Farbtafel VI

Nachdem der Bauer SL. (Kirchspiel Badbergen, Landkreis Osnabrück) sein Bauernhaus im Jahre 1811 total umgebaut hatte (auch das Kammerfach) richtete er eine „standesgemäße“ Stube ein. Fast das gesamte Interieur ist „aus einem Guß“ und atmet den Zeitstil des Empire. Diese eher als „gutbürgerlich“ denn als „bäuerlich“ anmutende Stube wird durch die „Mal- und Schnittkünste“ eines C. Dilly zu einem eindrucksvollen Bilddokument von beinahe „fotografischer“ Genauigkeit in der Wiedergabe, zumal es noch an Ort und Stelle überprüft werden konnte (vgl. Abb. 57).

Am Donnerstag, dem 17. September 1818, führt Dilly – laut Signatur und Datum (oben rechts an der Decke oberhalb der Tür) – seinen Malauftrag aus (Höhe 59,0 cm, Breite 76,5 cm). Der Bauer SL. ist zu diesem Zeitpunkt 36 Jahre und seine Frau 32 Jahre alt. Das Ehepaar war bis zum Jahre 1818 kinderlos. Beide werden beim Kaffeetrinken im „Sonntagsstaat“ dargestellt.

Der wohlbeleibte Bauer mit „Titusfrisur“, der seinen Zylinder auf einem Stuhl abgelegt hat, trägt unter dem braunen Frack eine kurze buntgestreifte Weste, ein Hemd mit weißem Stehkragen sowie eine schwarze Schleifenkrawatte. Die Beinkleider in Form enganliegender „Pantalons“ sind in die hochschäftigen Stiefel gesteckt; als einziger Schmuck ist die Uhrkette mit Petschaft zu sehen. In der linken Hand hält er die Kaffee-Untertasse und in der rechten den runden Zwieback.

Auch die Bäuerin ist im „Empire-Look“ gekleidet: absatzlose Schleifchen-Halbschuhe, weiße Strümpfe, grüngestreiftes hochtailliertes Kleid, darüber ein langfallendes weißes „Fichu-Schultertuch“ mit reichlichem Spitzenbesatz, unter dem eine weiße Spitzenhalskrause hervorscheint, eine schwarze Schürze mit geraffter Rüschenborte sowie unterhalb des Busens ein Gürtel mit goldener Schließe. Als Schmuck trägt sie eine mehrgliedrige goldene Halskette mit goldenem Anhänger, goldene Ohrringe und goldene Fingerringe. Auf dem Kopf sitzt die für die Artländer Bauersfrau typische Goldbrokat-Haube mit breiter Spitzenrüsche. Auch die Bäuerin hält in der linken Hand die Untertasse und in der rechten den Zuckerzwieback.

In der Mitte der Stube (4,95 m Lg. der „Fensterwand“ und 4,60 m Lg. der „Doppeltürwand“ steht – wie es im Empire noch üblich war – der quadratische Tisch mit kantigen, sich nach unten verjüngenden Beinen. Er steht übervoll mit Porzellangeschirr und weiterem notwendigem Zubehör für eine gemütliche sonntägliche Kaffeetafel: eine große Porzellan-Kaffeekanne mit dazugehöriger kleiner Milchkanne (auf dem „Blumen-Tablett“ nur noch in Resten erhalten), eine Porzellan-Zuckerschale mit Deckel, runder Zuckerzwieback sowohl auf einem Tablett als auch ohne Unterlage, zwei Porzellan-Tassen, eine Meerschaumpfeife mit Silberdeckel, zwei Silberlöffel und eine silberne Zuckerzange (auf dem Tablett) sowie ein silberner Tabakstopf mit Deckel.

Die Sitzgelegenheiten (Armlehnsessel und zwei Lehnstühle) sind nach dem Vorbild englischer Stühle gearbeitet, schlicht und fest, wozu vor allem die tiefsitzenden umlaufenden Sprossen sowie Quersprossen beitragen.

Axialer Mittelpunkt dieser Stube ist der im Stil des klassizistischen Empire gerahmte Wandspiegel (aus Original-Spiegelglas). Am braunen Holzrahmen sind weiße Blumenrosetten appliziert, oberhalb des Spiegelglases befinden sich goldgerahmte Bildchen mit Figuren, unten ein Blumenbild. Unter dem Spiegel steht ein kleiner quadratischer „Konsol- oder Beisetztisch“. Er hat ein hochstehendes rahmendes Gitterwerk (Laubsägearbeit), um das Herabfallen von kleinen Gegenständen zu verhindern (darauf befinden sich ein Glutkorb für Pfeifen sowie eine Tischbürste). Die hohen Sprossenfenster sind mit kunstvoll gerafften Vorhängen dekoriert, deren Ränder mit Fransen und Quasten versehen sind. Die weißen, vielleicht aus Musselin hergestellten, durchscheinenden Gardinen bilden einen reizvollen Kontrast zu den grünweißen Tapeten. Diese vertikalgestreiften und getupften Tapeten erinnern an den „Blümchen-Liniendekor“ auf den entsprechend gemusterten und oftmals ähnlich getönten Empirekleidern der Artländer Bauersfrauen (auch auf diesem Bild zu beobachten). Die einzelnen Wandabschnitte, auch die Türen und die Ofennische, sind zwar jeweils durch eine rahmende Blumenborte voneinander getrennt, aber der gleiche intensive Grundton der Tapete fügt alle Einzelabschnitte wieder zu einer Raumeinheit zusammen.

Die graugestrichene (und verputzte?) Decke (vgl. Taf. V, dort die „Bretterdecke“ detailliert gemalt) wird von den Wänden durch einen polychromgefaßten Eierstabfries getrennt. Den oberen Wandabschluß bilden umlaufende Girlanden mit aufgesetzten weißen Vögeln. Nicht weniger reizvoll wirkt die hochbogenförmige Ofennische, die durch eine vielfarbige Blumenborte gerahmt wird. Der fast bis zum Türrahmen hinaufreichende gußeiserne Plattenofen in der Technik des „Vorderladers“ besteht aus drei Etagen und wird von einem Empire-Vasenmotiv bekrönt. Das Ofengestell, die Tür sowie die Plattenhalterungen sind mit reichlichem Mes-

Farbtafel VII: Brustbilder von LWN. und MÖ.

singbeschlag versehen. Der Ofenaufsatz hat wiederum eine Rundbogennische als Wärmezone für Speisen und Getränke. Die linke, graugestrichene Füllungstür, deren Fenster mit Gardinen verhangen ist, führt zum Herdraum; die gleichfarbigen gegenüberliegenden Stubentüren (aus Eichenholz) sind die Zugänge zu den sich anschließenden Schlafkammern. Alle Türen haben Beschläge aus Messing mit einem schwarzen Griffschild und tragen Stilelemente des Klassizismus: geschnitzte Girlanden und Blumenrosetten. Ein besonderer Akzent des Empirestils ist auch der geschnitzte, mit Kanneluren versehene Wandpilaster zwischen den beiden Zimmertüren, der als Abschluß eine mit Girlanden geschmückte Vase trägt (Abb. 57). Diese Empirevase ist – gewissermaßen als Pendant – fast gleichgestaltet wie die auf dem gegenüberstehenden Stubenofen. Dieser „Amphoren-Pilaster" zwischen den Türen dient hier – wie im Bild deutlich zu erkennen – als Halter für die lange Pfeife mit Porzellankopf und Silberdeckel. Ein Vergleich mit der noch erhaltenen Doppeltür-Situation dieser Stube (Abb. 57) zeigt, daß sich C. Dilly in der bildlichen Wiedergabe die Freiheit herausgenommen hat, den vasenbekrönten Pilaster entgegen der „Stubenrealität" über den Türrahmen hinausragen zu lassen.
Betont dunkel gestrichen ist der aus gehobelten breiten Dielen bestehende Fußboden, auf dem als zusätzlicher „Stubenbewohner" ein weißbunt gefleckter langhaariger Jagdhund liegt.

Abb. 51: Geschnittene Silhouette des Osnabrücker Medizinalrates Ehmbsen auf aquarellierten Hintergrund gesetzt, um 1815/20, vgl. Bauernstube Tafel VI, Original u. Foto: Kulturgeschichtliches Museum Osnabrück

Farbtafel VII

Bauer und Bäuerin LWN. ließen sich von C. Dilly zusätzlich noch in der Art des geschnittenen und bemalten Brustbild-Portraits darstellen. Die Größe dieser beiden Silhouetten ist nicht exakt gleich, so daß diese Scherenschnitte nicht im gleichen Schnittvorgang entstanden sein können. Die Brust-Silhouette des Bauern LWN. zeigt jetzt auch genauer als auf der Stuben-Silhouette den Stehkragen, die Weste und die Schleifchenkrawatte, die aus der Frackjacke herausstehen. Das „Konterfei" der Bäuerin erscheint auf der Brustbild-Silhouette sehr farbig. Sie trägt eine Goldbrokat-Zweistücksmütze aus rotem Stoff (Samt), goldene Ohrringe, eine mehrgliedrige goldene Kette mit Anhänger und eine Rüschenspitzenkrause unter dem spitzenbesetzten Schultertuch, das hoch in der Taille von einem Gürtel gehalten wird. Die linke Hand mit zwei goldenen Fingerringen trägt ein aufgeschlagenes Gebetbuch mit Gold- bzw. Messingbeschlägen.

In geschnittenen „Empire-Rahmen" als Brustbild-Silhouetten, fast in gleicher Form wie die der Notarsfamilie N. aus Essen (Taf. XI), haben sich der Menslager Pastor Möllmann, seine Frau und seine einzige Tochter Charlotte von Caspar Dilly „konterfeien" lassen. Dieser Auftrag bedeutete für den „Mahler und Sielhouetteur" Dilly auch wohl eine gewisse Anerkennung seiner Arbeit, denn Pastor Möllmann (1760–1839) galt zu Lebzeiten als eine herausragende Persönlichkeit. In einer „Laudatio" über ihn heißt es: „Ein wahrer Freund der Aufklärung und Bildung, ein echter Förderer der Freiheit". Diese Portraitsilhouetten sind in der „klassischen" Form ohne zusätzliche Malerei geschnitten; der blaue Hintergrund besteht aus Glanzpapier. Diese drei Brustbild-Silhouetten müssen vor 1819 angefertigt worden sein, denn die Frau des Pastors, Catharina, geb. Gerding, starb im Jahre 1819.
Ein flüchtiger Blick auf Kleidung und Frisur des Pastors vermittelt den Eindruck, daß er fast genauso gekleidet ist wie der auch in einer Brustbild-Silhouette dargestellte Bauer LWN. (Taf. VII); einige wesentliche Unterschiede sind aber zu entdecken. „Titus-Frisur", Frack und Spitzenstehkragen signalisieren, daß auch der Pastor sich nach der Mode des Empire richtet. Abwei-

Farbtafel VIII: Bauern aus Badbergen

chend von der bürgerlichen Kleidung trägt er unterhalb des „Vatermörderkragens“ zwei schmale weiße Laschen am Halsausschnitt, die sogenannten ‚Beffchen‘. Als weiteres Attribut einer geistlichen Amtstracht ist auf dem Rücken unterhalb des Kragens eine wellenförmig nach unten fallende „Schärpe“ befestigt, bzw. angeknüpft. In gleicher Form ist diese Schärpe von C. Dilly auch bei ev.-ref. Pastören Ostfrieslands dargestellt (Taf. XIX und XXc, Abb. 43).
Dem griechischen Vorbild entsprechend tragen auch die Frau und die Tochter des Pastors die „Titus-Frisur“ (Korkenzieherlocken auf der Stirn und an den Schläfen) sowie in der Art des „griechischen Knoten“ die hinten hochgekämmte und mit einem Hornkamm festgesteckte Lockenpartie. Die hohe bis unter die Brust gerutschte Taille wird mit Gürtel und Schleife (Tochter) betont, das Dékolleté wird mit Kanten, Volants und Spitzen verziert. Die Ärmel sind – wie beim Empirekleid üblich – kurz; lange, oft bis zu den Oberarmen reichende Spitzen-Handschuhe sind nicht dargestellt. Die Spitzen-Halskrausen sind bei beiden Frauen stark betont, aber unterschiedlich gestaltet. Die Mutter trägt goldene Ohrringe und eine mehrgliedrige Halskette, bei der Tochter hingegen ist kein Modeschmuck zu entdecken. (Höhe der „Pendant-Brustbilder“ 12,3 cm, Höhe Brustbild-Silhouette der Tochter 10,4 cm).

Abb. 52: Unsignierter Dilly-Scherenschnitt, vom selben Hof wie Taf. IX; vermutlich der Sohn des dort dargestellten Brautpaares.

Farbtafel VIII

Außer der kleinen „Brustbild-Silhouette“, sicherlich die preiswerteste Ausführung dieser Bildkategorie, und der aufwendigen, ganz sicher teuersten „Stubenbild-Silhouette“ beherrschte C. Dilly als dritte Variante auch die Silhouettentype, auf der die Person ganzfigurig wiedergegeben wird und die Natur – besonders der Obstgarten – als malerischer Hintergrund dient. Vier dieser von Dilly gemalten „Genre-Silhouetten“ sind uns aus dem Artland, als Rest einer sicherlich umfänglichen Produktion, noch überliefert.
Am Freitag, dem 28. Mai 1819, läßt sich das der bäuerlichen Oberschicht des Artlandes zugehörige Ehepaar GG. (Kirchspiel Badbergen, Landkreis Osnabrück) im eigenen hausnahen Garten silhouettieren (Höhe 43,2 cm, Breite 54,3 cm). Die stark belaubten und (trotz Mai) schon reich mit Früchten behangenen Bäume (ein Apfel- und ein Birnbaum) bilden für das Bauernpaar die Szenerie. Aufgelockert und gerahmt wird das Bild auch noch durch Kornfelder, Sträucher und Laubgehölz (Staudengewächse in Blumentöpfen sind – anders als auf den ostfriesischen Dilly-Scherenschnitten – als zusätzliches Arrangement nicht zu entdecken.) Niemals vergißt der „Maler“ bei den „Garten-Silhouetten“ das Spiel der Vögel in den Baumwipfeln darzustellen, so daß das Strenge und Steife der stehenden Personen durch ein sich bewegendes Element belebt wird.
Der Bauer und Hofeigentümer GG. dominiert in diesem Bild durch seine überragende Gestalt: Dieser „Kunstgriff“, die „Hauptperson“ zu überhöhen („Bedeutungsperspektive“), ist auf den Dilly-Bildern häufig zu beobachten. Die Kleidung des Bauern ist sonntäglich und bis in alle Einzelheiten an der englischen Mode orientiert: Zylinder mit breiter Krempe, weißer Stehkragen, Weste und Krawatte, brauner Frack, enge Beinkleider wie Pantalons in hochschäftigen Stiefeln und dazu eine silberne Uhrkette mit Anhängern unterhalb der Frackweste. Die Sonntagsruhe erlaubt den genüßlichen Zug aus der langen Meerschaumpfeife mit Quastenbehang und silbernem Deckel. In der Rechten hält GG. einen kleinen Rosenstrauß.
Ebenfalls einen Blumenstrauß in ihrer Rechten, aber etwas vornehmer, nur von den Fingerspitzen gefaßt, hält die festlich und modisch gekleidete Ehefrau. Ihre Kleidung und Modeaccessoires bestehen aus einer Artländer „Rüschen-Goldhaube“, einer goldenen Halskette mit Goldanhänger, einer Rüschen-Halskrause, einem wei-

ßen Spitzen-Schultertuch, einer langen schwarzen Schürze, einem hochsitzenden Gürtel mit Goldschließe, einem grüngestreiften und gemusterten Empirekleid und weißen Strümpfen mit flachen Schleifchenschuhen. In der Linken trägt sie das ihr seit der Konfirmation überantwortete Gebet- und Gesangbuch (ausgestattet mit Metallbeschlägen und rotem Ledereinband). Um diesem wertvollen Buch die angemessene Reverenz, aber auch die pflegliche Schonung zukommen zu lassen, wird es nicht direkt in die Hand genommen, sondern mit dem „Spitzentaschentuch“ gehalten.

Weil ihm die von seinem Sohn vorgestellte zukünftige Schwiegertochter nicht genehm war, vererbte der Bauer NO. den Hof – nach Abfindung des rechtmäßigen Anerben – seiner Enkeltochter. Sie und ihr Großvater (Kirchspiel Badbergen, Landkreis Osnabrück), die in Zukunft die Geschicke des Hofes gemeinsam zu tragen hatten, wurden – wohl um 1818 – für die Nachkommen von C. Dilly im Bilde „festgehalten“ (Höhe 40 cm, Breite 40 cm). Der 62 Jahre alte Großvater, noch zur Mitte des 18. Jahrhunderts geboren, ist nicht im Kleiderstil des „Ancien-Régimes“, sondern zeitgemäß mit Zylinder, Frack, Pantalonhose und Schaftstiefeln bekleidet. In der Hand führt er nicht mehr den würdevollen langschäftigen „Rohrstock“, sondern den kurzen Spazierstock. Seine Enkeltochter (6 Jahre alt) ist auch modisch-sonntäglich gekleidet: Kinderhaube, Schultertuch, Empirekleid, Schürze, absatzlose Halbschuhe. Sie trägt in der einen Hand den geflochtenen Armkorb und in der anderen ein Blümchen für den Großvater.

Wiederum dienen Obstbäume (Apfel- und Birnbaum) und Sträucher als malerischer Hintergrund für diese Personengruppe, die sich – laut Signatur – am Freitag, dem 20. August 1819, neben dem Gartenweg in Sonntagskleidung porträtieren ließ. Der 28 Jahre alte Artländer Bauer WW. (aus dem Kirchspiel Badbergen, Landkreis Osnabrück) überragt seine drei Jahre ältere Frau um einiges. Beide sind als Angehörige der bäuerlichen Oberschicht des Artlandes zu erkennen. Die Bauersfrau signalisiert ihre Zugehörigkeit zum Artland durch die „Goldbrokat-Zweistücksmütze“ mit breitem weißem „Strich“. Wie auch die anderen Frauen auf den hier gezeigten Scherenschnitten hält sie in der linken Hand ihr metallbeschlagenes ledernes „Konfirmations-Gebetbuch“ mit weißem Taschentuch.

Über den Kunsthandel gelangte der Scherenschnitt „Ehepaar unter dem Baum“ in das kulturhistorische Museum zu Osnabrück (Höhe 41,5 cm, Breite 26,8 cm). Senkrecht neben der Baumkrone (Apfelbaum) ist die Signatur zu finden: „Sielhouetteur Dilly ten 28. May 1819“ (ein Freitag). Name und Wohnort des Paares sind nicht überliefert. Fraglos aber handelt es sich – in Analogie zu den übrigen Dilly-Scherenschnitten des Artlandes – nicht um die Darstellung eines „Herrn und seiner Dienerin“, sondern um die eines Artländer Bauern mit seiner Ehefrau. Die Frau – wieder wie bei Dilly-Scherenschnitten üblich – wesentlich kleiner als der „große“ Mann („Bedeutungsperspektive“) dargestellt, trägt alle Accessoires einer Artländer Bäuerin, wie sie Mode und Region vorschreiben: „Goldbrokathaube“ mit breitem wierenverstärktem „Strich“, mehrgliedrige goldene Halskette mit Anhänger, großes Spitzen-Schultertuch, Empirekleid mit hoch in der Taille ansetzender Schürze, die zusammen mit dem Schultertuch von einem Gürtel mit goldener Schnalle gehalten wird, absatzlose Schleifchenschuhe und „Konfirmations-Gebetbuch“ mit weißem Taschentuch.
Dieser Artländer Bauer läßt sich nicht im Frack darstellen, sondern im dunklen wadenlangen Gehrock mit doppelter Knopfreihe, mit umgelegten Manschetten sowie Knöpfen an den Schößen; an den Füßen trägt er langschäftige Stiefel mit schmalen Absätzen. In der Rechten hält der Bauer den Zylinder mit breiter Krempe sowie den Spazierstock. Mit der linken Hand überreicht er seiner Frau einen versiegelten Brief, den sie mit der rechten Hand annehmen will. Die Bäume mit ihren abgeschnittenen Ästen zeigen ein Bemühen um die Obstbaumkultur, die zur damaligen Zeit einsetzte.

Abb. 53: Vollständiges Porzellan-Service des Artländer Hofes Wehlburg, hergestellt in der Fayence-Manufaktur Fürstenberg; Maler des Dekors: Johann Zeschinger; Dreher: Carl Heinrich Böcker, Herstellungszeit: 1763–1770, Sammlung Museumsdorf Cloppenburg

Farbtafel IX: Meierhof, Essen

Von einem Münsterländer (Südoldenburger) Meierhof im Kirchspiel Essen (Landkreis Cloppenburg) ist ein in Fragmenten erhaltenes „klassisch geschnittenes“ Silhouetten-Gruppenbild überliefert, das weder die Signatur des Künstlers noch das Datum der Bildentstehung angibt. Die „Scheren-, Nadel- und Pinselführung“ weist es aber eindeutig als Dilly-Werk aus (Breite noch 49 cm, Höhe noch 26,5 cm). Die genealogischen Daten erlauben die Schlußfolgerung, daß diese Silhouette im Jahre 1816 entstanden ist. Einige Papierspuren verraten, daß diese „Genre-Silhouette“ ursprünglich als Stubenbild angelegt war. Reste der Fußbodendarstellung sind noch zwischen den Quersprossen des rechten Stuhles erhalten, auch die „Kaffee-Szene“ deutet auf ein Stubenbild hin.

Farbtafel IX

Am 22. Januar 1817 heiratete die 26jährige Meierstochter ZH. aus dem Osnabrücker Kirchspiel Fürstenau den 36 Jahre alten Meierssohn J. aus dem Kirchspiel Essen. Offensichtlich erhält der Maler Dilly, der 1815 in der Kirche zu Essen getraut worden war und dort zu dieser Zeit kein Unbekannter gewesen sein wird, den Auftrag, das im Jahre 1816 unter Zeugen vollzogene Verlöbnis im Bilde festzuhalten. Für diese Interpretationsannahme spricht die Art der Gruppenbildung sowie die Auswahl der Personen auf dem Scherenschnitt.

Die wichtigsten Akteure dieses Bildes sitzen am Kaffeetisch, tonangebend ist offensichtlich die „alte Dame“, die aus dem ledergebundenen Buch mit Goldprägung vorliest. Ihr zur Seite steht ein Mann, „gestiefelt und gespornt“, mit der Peitsche in der Hand, den Zylinder noch auf dem Kopf, so als wäre er soeben vom Pferd gestiegen und ins Zimmer geeilt. Die 59 Jahre alte Frau (Abb. 39) ist die Eigentümerin des Meierhofes zu Essen, die als Witwe bereits seit vielen Jahren den Hof alleine führt. Zum wichtigen Anlaß des Verlöbnisvertrages ist sie wie die anderen Vertragspartner festlich-sonntäglich gekleidet. Auf dem Haupt trägt sie die regionaltypische „Essener Frauenhaube“, die am Hinterkopf faltenreich zusammengerafft wird (Abb. 15). Gerahmt wird diese Haube von einer schmalen Rüschenspitze, und umgeben ist sie mit einem Band, das auf der Haube zu einer Schleife gebunden ist. Unter der Haube schaut ein hellweißer kleiner Rüschenrand heraus. Das Band zur Befestigung der Kopfhaube ist unterhalb des Kinns zu einer Schleife gebunden. Um den Hals trägt sie ein Halsband mit goldener Nackenschließe. Der goldene Kreuzanhänger weist sie als Katholikin aus (Abb. 39). Die Schultern bedeckt das geblümte „Fichu“-Schultertuch, das hinten auf dem Rücken zu einer Spitze und vorn über der Schürze in zwei sehr langen Zipfeln ausläuft. Unter diesem Umlegetuch schaut als schmaler Rand die weiße Halskrause (ohne Spitze) hervor. Dem modischen Kleidertrend des einteiligen, hochtaillierten Empirekleides huldigt sie nicht; nach wie vor bevorzugt sie das im 18. Jahrhundert für Frauen ihres Standes und Ranges charakteristische zweiteilige Kleid, das aus dem Caraco-Jäckchen mit kurzen Rockschößen (Abb. 25) und einem faltenreichen Rock besteht, über dem die Bäuerin die lange spitzenbesetzte Schürze trägt. Was das Schuhwerk betrifft, ist sie modisch, denn sie zeigt leichte absatzlose Halbschuhe mit Schleifchen. Außer dem goldenen Halsschmuck trägt sie an beiden Händen je einen Goldring.

Hinter ihr steht – wohl als Zeuge ihrer Seite – ein Mann, der etwas später auch im Kirchenbuch als Trauzeuge namentlich genannt wird. Er wirkt modisch elegant, nichts „Bäuerliches“ ist ihm anzumerken. Der nach oben weitausladende und mit einer breiten, umgelegten Krempe ausgestattete Zylinder hat zusätzlich eine nach vorn hin zu einer Schleife gebundene Binde. Unter dem Zylinder fallen einige lockige Haarsträhnen herab; bis auf den langen „Backenbart“ ist der Haarschnitt kurzgehalten. Der Frack hat auffallend kurze Rockschöße, das Jackett ist hoch in der Taille geknöpft, so daß darunter nur eine kurze, unten gerade geschnittene Weste, das „Gilet“, getragen werden konnte. Außer dem Hemd-Stehkragen und Westenkragen sowie einer zierlichen Schleifenkrawatte schaut aus dem Frack noch eine Brustkrause aus gerüschten Spitzen, das „Jabot“, hervor. Die enganliegenden, tief in die hochschäftigen Reitstiefel gesteckten Hosenbeine sind im „Pantalon-Schnitt“ gearbeitet. Die Stiefelsporen und die braune Reitpeitsche signalisieren das Bewußtsein um den Rang des „berittenen“ Bauern. Accessoires der Mode und des Standes sind auch die goldene Uhrkette mit Anhänger sowie die Meerschaumpfeife mit silbernem Klappdeckel.

Rechts im Bild sitzt mit aufmerksamen Blick zur Mutter bzw. Schwiegermutter gewandt das junge Paar. Die aufheiratende Frau ist in mancherlei Hinsicht anders gekleidet als die alte Bäuerin. Die durch Nadelstiche exakt gezeichneten Frauenhauben, in beiden Fällen mit einem kleinen Schleifchen versehen, sind gerahmt von einem schmalen Spitzensaum und werden durch ein Kinnband in Schleifenform gehalten (Abb. 39). Aber ein weißer Rüschenbesatz unter der Haube fehlt bei der jungen „Meierin“, jedoch trägt sie eine rechbestickte

Farbtafel X: Bauer B., Barßel

Sielhouetteur Dill"
Jan: 1825

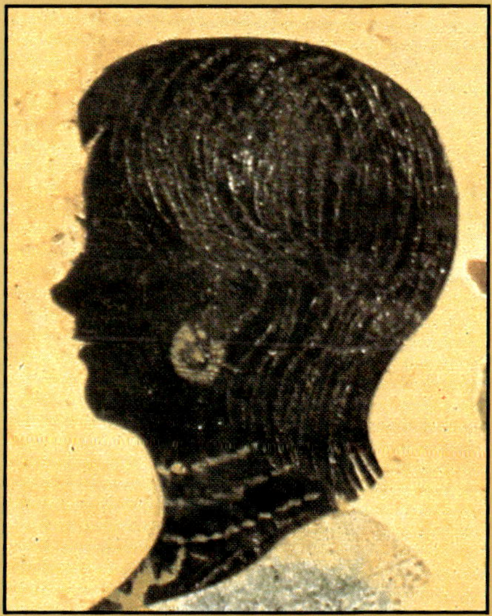

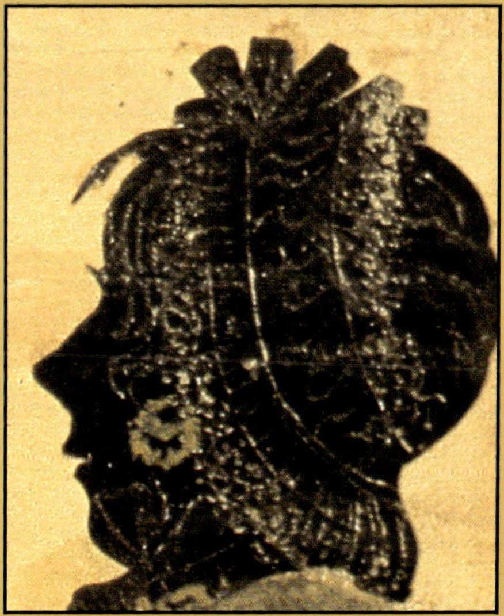

(Goldbrokat-) Zweistücksmütze. Eine Halskette mit Kreuzanhänger ist auch bei ihr zu entdecken. Bei beiden Frauen gehören „Fichu-Schultertuch" und Schürze zur Sonntagskleidung. Da aber die junge „Meierin" ein modisches Empirekleid (mit gerafften Rüschenborten am unteren Kleidersaum) trägt, ist die Schürze hoch in der Taille unter dem Busen gebunden. Angesichts des „offiziellen" Anlasses hält sie in der Linken das Gebet- und Gesangbuch, das ihr als Gefirmter zusteht, mit einem weißen (in neuerer Zeit übermalten) Spitzen- oder Seidentaschentuch.

Bis auf den fehlenden Zylinder des Bräutigams sind alle Männer nach der gleichen Männermode, dem „englisch-französischen Frack-Look", gekleidet. Alle drei Männer dieser Silhouette sind daher in ihrem „Sonntagsstaat" fast einheitlich ausgestattet. Aber nur die „Zeugen", im Kirchenbuch gleichfalls als „Trauzeugen" namentlich aufgeführt, tragen Sporen. Damit ist jedoch keine Aussage über ihren Stand getroffen.

Zur Kaffeetafel sind alle geladen, fünf Tassen und Untertassen aus Porzellan sind bzw. waren vorhanden. Die schwarze Kanne dürfte als „Zinnkanne" gedeutet werden. Auf dem Tisch stand einst vor der alten Bäuerin eine weitere Tasse, und der Bräutigam hielt in der ursprünglichen Fassung der Silhouette die fünfte Untertasse in der Hand (die Pfeife in seiner Hand ist erst jüngst nachgeschnitten). Das noch verbliebene Mobiliar (gedrechselte Stühle mit grünen Polstersitzen und quadratischer Tisch mit kantigen Beinen) ist dem englischen Empiremöbel nachempfunden.

Abb. 54: In China und im Orient werden Kaffee und Tee in henkellosen Schälchen serviert. In Europa erhalten die Tassen später Henkel, um die Hand vor der Hitze zu schützen. Neu hinzu kommen die „Untertassen". Wie auch hier im Bild zu beobachten genießt man zur Mitte des 18. Jahrhunderts das heiße Getränk aus dem „Schöllken". Gemälde von Jan Josef II Horemans (1714–1790), Original und Foto: Landesmuseum für Kunst- und Kulturgeschichte, Oldenburg

Farbtafel X

Der Bauer B. war zu jener Zeit einer von vier Landwirten in Barßel (Landkreis Cloppenburg), einem sonst von Schiffern und Händlern bewohnten Ort. Er erteilte dem „Sielhouetteur" Dilly am Sonntag, dem 20. Januar 1825, den Auftrag, seine Frau und seine zwei Töchter, sowie ihn selbst in sonntäglicher Gewandung im Bilde festzuhalten (Höhe 37,8 cm, Breite 38,3 cm). Auch das Reitpferd sollte nicht fehlen.

Das im Verhältnis zum Bauern kleine braune Pferd ist zwar nur zur Hälfte ins Bild gesetzt, lenkt aber mit seiner Schrittbewegung alle Blicke auf sich und seinen vor ihm gehenden Besitzer. Es ist fraglos überinterpretiert, wenn man sagt, daß dieser Bauer von der „reiterischen Anglomanie", einem Modemerkmal des 18. Jahrhunderts, angesteckt sei, aber etwas „Bauernstolz" könnte dabei mitgespielt haben, auch das Reitpferd in das Familienbild mit einzubeziehen. Das kräftige Pferd mit eisenbeschlagenen Hufen trägt einen modischen, im Sitz gut ausgehöhlten und glatten „englischen" Sattel mit abgerundeten Blättern, Steigriemen, Steigbügeln und dazugehörigem Bauchgurt. In aller Vollständigkeit hat der „Maler" auch das Zaumzeug mit Backenriemen und Doppelzügeln wiedergegeben.

Die silberfarbenen Sporen an den Stiefeln des Bauern verstärken den Eindruck des „Nichtbäuerlichen". Sein Zylinder hat am Hutband als Besonderheit noch eine goldene Schnalle. Der Anzug ist modisch: Frack mit langen Schößen, weißes Stehkragenhemd, Weste und Schleifenkrawatte und enganliegende, in die Stiefel gesteckte Pantalonhosen. Als zusätzlichen Schmuck trägt er eine Uhrkette mit Anhänger. An seiner langen Meerschaumpfeife mit Quastenbehang steckt – aus schmalgeschnittenen Papierstreifen gefertigt – der Pfeifenreiniger.

Die drei „Damen" bewegen sich auf den Familienvater zu, der den beiden Töchtern Luzia und Maria einen runden Gegenstand reicht (Döschen oder Apfel). Diese sind – wie die Mutter – als Erwachsene gekleidet, und zwar immer noch im Kleidungsstil des Empire. Beide Mädchen haben langes strähniges, bis in den Nacken fallendes Haar, tragen goldene Ohrringe und eine mehrgliedrige goldene Kette mit Kreuzanhänger. Eine breite spitzenbesetzte Halskrause fällt nun – was bislang noch

Farbtafel XI: Familie Notar N., Essen

nicht beobachtet wurde – über das Schultertuch. Wie bei der Mutter ist dieses fransenbehangene bunte Tuch hoch in der Taille festgegürtet und fällt vorn in zwei Zipfeln weit über die Schürze. Auch die grünen Kinderschürzen sind hoch in der Taille angesetzt und fallen lang herunter. Die braunen Empirekleider sind gemustert, die Strümpfe weiß und die leichten Schuhe ohne Absätze.

Die 46 Jahre alte Mutter ist auffallend ähnlich gekleidet: goldene Ohrringe, mehrgliedrige goldene Kette mit Kreuzanhänger, langherabfallendes buntes „Fichu-Schultertuch“ mit Fransenbesatz, darunter eine hoch in der Taille angesetzte schwarze Schürze mit brauner Borte, ein langherabfallendes grünes Empirekleid, weiße Strümpfe und absatzlose Schleifchenschuhe.

Im Gegensatz zu ihren jugendlichen Töchtern trägt die Mutter zu ihrer Sonntagskleidung die „Frauenhaube“. Die Barßeler Haube hat „regionaltypische“ Besonderheiten und war in dieser Ausprägung im südlichen Kreis Cloppenburg, beispielsweise im Kirchspiel Essen (Abb. 15), nicht anzutreffen. Die „Frauen-Haube“ scheint auch in Barßel als „Goldbrokat-Zweistücksmütze“ ausgeformt gewesen zu sein, aber zusätzlich wurde sie gerahmt von einer kranzförmigen Rüsche; sie war vorn und hinten mit abstehenden Spitzen besäumt. Im benachbarten Ammerland wird die Goldhaube, in allerdings noch größerer Form, ebenfalls durch eine derartige „Rüschenspitzenbinde“ gekrönt, dort „Bindken“ genannt (Abb. 56). Das etwas schmalere „Rüschenspitzen-Bindken“ der Barßeler Frauenhaube hat oben als zusätzlichen Schmuck ein Schleifengebinde. Die Goldbrokat-Haube wird mit einem Band gehalten, das unterhalb des Kinns zur Schleife gebunden wird. Alle drei Damen tragen in der linken Hand (ohne Gebet- und Gesangbuch) das lange sogenannte „Taschen- oder Halsnasen-Tuch“.

Abb. 54a: Einer der zwei Knaben der Tafel IV als Violinen-Spieler

Farbtafel XI

Keine bäuerliche Familie, wohl aber eine der ländlichen Oberschicht zeigt dieses Bild. Obwohl undatiert und unsigniert erlaubt der Vergleich mit Stil und Technik der eindeutig ausgewiesenen Dilly-Scherenschnitte sowie der überlieferte Befund der exakten genealogischen Daten aller abgebildeten Personen die Schlußfolgerung, daß diese „klassische“ Schwarzweiß-Silhouette gegen Ende des Jahres 1815 vom „Bonner Maler“ Caspar Dilly geschaffen wurde. Es ist das bislang älteste uns überlieferte Dilly-Bild.

Über der Kinderschar schweben in geschnittenen „Empire-Rahmen“ als Brustbild-Silhouetten die Eltern, miteinander verbunden durch zwei bogenförmig hängende Kordeln. Beziehungsreich ist zwischen die Bilder der Eltern ein Blumenbukett komponiert. Unterhalb dieser „Bilder im Bild“ tummeln sich, zu Gruppen geordnet, die Kinder. Dargestellt auf dieser Silhouette (Breite 47,5 cm, Höhe 38,5 cm) ist die „bürgerliche Honoratiorenfamilie“ N. aus dem Dorf Essen (Landkreis Cloppenburg). Links oben im Bild hängt die Silhouette des bischöflich-münsterischen Notars N., der zur Entstehungszeit dieses Scherenschnitts 40 Jahre alt war. Er avancierte später auch zum Landgerichtsanwalt. Bedingt durch seinen Beruf hatte er Umgang mit allen Sozialschichten seiner Region, auch mit der hochbürgerlichen Schicht im Herzogtum Oldenburg. Daher ist es kaum verwunderlich, daß er und seine Familie auf dem Scherenschnittbild nicht ländlich, sondern eher „städtisch“ gekleidet erscheinen. Dies gilt besonders für die Frau. Der Notar N. ist – der Mode der Zeit angepaßt – mit einem Frack bekleidet, der oben am Hals den Spitzen-Stehkragen sowie die entsprechend im oberen Abschluß spitzgeschnittene Weste herausschauen läßt; aber auch die zur Schleife gebundene Krawatte und das in das Hemd eingesteckte und mit Spitzen versehene „Jabot“ ist sichtbar. Ebenso zeittypisch ist die Haartracht: Das kurzgeschnittene Kopfhaar wurde gelockt und ins rasierte Gesicht gekämmt („Titusfrisur“), wie in der Empirezeit üblich.

Dem Bild des Notars N. gegenüber ist das seiner Ehefrau Anna, damals 39 Jahre alt, angeordnet. Entgegen ihrer bäuerlichen Umgebung zeigt sie keine Accessoires, die auf ländliche Kleidertradition oder auf eine Zugehörig-

Farbtafel XII: Familie des reitenden Försters P., Lastrup

keit zur ländlichen Sozialschicht verweisen, sondern sie ist ganz und gar modisch im Sinne des Empire gekleidet: Auf dem Kopf trägt sie eine wulstigausgeformte Mütze, die mit vielen Schleifen (vorn, oben und hinten) und Bändern sowie mit einer Krempe „garniert“ ist. Das Haar ist dem Empire-Vorbild entsprechend als lockige „Titusfrisur“ gekämmt. Über den Kinnbändern des „Hutes“ baumeln die goldenen Ohrringe. Um den Hals trägt sie zu einer nicht sehr breiten Spitzenkrause eine zweigliedrige goldene Halskette mit kleinem Kreuzanhänger. Die Schultern sind von einem Tuch bedeckt, das vorn in langen Zipfeln und hinten in einer Spitze herunterfällt. Die Spitzen dieses „Fichu-Schultertuches“ werden von einem Gürtel gehalten, den sie hoch in der Taille trägt und von dem ein kleiner Anhänger herabbaumelt. Das Kleid dieser Notarsfrau ist im Stile des Empire hochtailliert und hat bauschige Faltenärmel, doch wird es nicht wie bei den Bauersfrauen durch eine Schürze geschützt.

Unter den beiden Brustbildern sind die sechs Kinder – zwei Söhne und vier Töchter – in Zweiergruppen dargestellt. Die beiden Söhne sind wie der Vater gekleidet: kurzschößiger Frack, der den Hemdstehkragen, die Schleifenkrawatte, die Spitze der Weste und das „Jabot-Spitzentuch“ herausschauen läßt. Der Frack des jüngeren Bruders (8 Jahre alt) zeigt zudem in Brusthöhe ein eingestecktes „Kavaliers-Taschentuch“. Beide „jungen Männer“ tragen lange Röhrenhosen und absatzlose Halbschuhe mit Schleifchen. Der ältere der zwei Brüder (10 Jahre alt) hält ein ledergebundenes Schreibbuch in der einen und eine lange „Gänsekiel“-Schreibfeder in der anderen Hand; der jüngere dagegen hat in der linken ein Vogelnest, in dem fünf Jungvögel sitzen. Beide Jungen tragen die gleiche zeitgemäße Frisur: das Haar kurzgeschoren und dicht um den Kopf gelegt, aber mit unterschiedlicher „Naturkrause“.

Lockiges Haar – wie ihr älterer Bruder – hat auch das drei Jahre alte Schwesterchen, das in der rechten Hand ein Körbchen mit Blumen hält. Eine üppige Spitzenkrause wurde ihr um den Hals gelegt, auch ein kleines Kettchen ist erkennbar. Hochangesetzt ist ein im Rücken zur Schleife gebundener Gürtel. Die Kleine trägt – wie die anderen Mädchen und die Mutter – ein Empirekleid mit kurzen sog. „Puffärmeln“. Mit dem Pinsel sind Blümchen und Streifen auf das Kleid gemalt.

Der noch nicht „gehfähige“ Säugling, ein gerade ein Jahr altes Mädchen, ist mit einem schleifchenbesetzten Kinder-Rüschenhäubchen bekleidet, das unterhalb des Kinns mit einem Schleifchenband festgehalten ist. Eine breite, spitzenbesetzte Halskrause bedeckt die Schultern. Wie die dreijährige Schwester trägt sie ein Empirekleidchen mit hochangesetztem Gürtel, der auch bei ihr im Rücken zur Schleife gebunden wird. Im Unterschied zu den Kleidern der Schwestern (die nach Zierweise des Silhouetteurs alle aus dem gleichen Stoff gefertigt erscheinen) schließt ihr Kleid unten mit einem aufgenähten Rüschenbesatz ab. In der linken Hand trägt das kleine Mädchen eine Brezel, in der anderen eine geschlossene Rassel oder ein offenes Glöckchen mit Stiel.

Die einander gegenübergestellten „großen“ Mädchen sind emsig mit Handarbeiten beschäftigt: Die 12jährige Tochter strickt mit einem Nadelspiel, und die 14jährige bestickt ein Taschentuch. Beide Mädchen haben die gleiche Frisur: gescheiteltes und ins Gesicht gekämmtes Haar mit Stirnlocken (wie die Mutter). Um den Hals liegt eine Krause mit doppeltem Spitzenrand. Bei der 14jährigen Tochter baumelt noch ein goldener Kreuzanhänger über der „Halskröse“. Als weiteren Goldschmuck findet man bei beiden Mädchen noch Goldohrringe (nicht bei der Dreijährigen). Die Kleider der „großen“ Mädchen sind im Schnitt und in den Accessoires genau gleich gestaltet: hoch in der Taille angesetztes Empirekleid mit einer Schleife im Rücken und Rüschenbesatz am Ausschnittrand. Da ein Schultertuch und ein Einstecktuch fehlen, wird ein kleines Dékolleté sichtbar. Die Fußbekleidung aller dargestellten Mädchen sind absatzlose Schleifchenschuhe. Das strickende Mädchen trägt als Zubehör zur Strickausrüstung am rechten Arm eine langherunterhängende beutelförmige Tasche (formenkundlich auf das sog. Ridikül zurückgehend).

Das Träger- und Kontrastpapier der „vornehmen“ Schwarz-Silhouette der Notarfamilie N. hat einen vergilbten, gelben Grundton, der einst hellweiß gewesen ist.

Farbtafel XII

Auch ohne Künstler-Signatur ist die Genre-Silhouette der Beamtenfamilie eindeutig als Werk des „Malers“ C. Dilly zu identifizieren; vermutlich ist sie zwischen 1817 und 1820 entstanden (Höhe 27,5 cm, Breite 66,5 cm).

Unter einem Apfelbaum (der deutlich an den Früchten zu erkennen ist) und zwei ihn beiderseits flankierenden Laubbäumen präsentieren sich um den gedeckten Kaffeetisch herum – zusammen mit dem Jagdhund – alle Mitglieder der Familie des „reitenden Försters“ Andreas Püschelberger aus dem Dorf Lastrup (Landkreis Cloppenburg).

Von diesem Forstbeamten (geb. um 1770) ist bekannt, daß er (Sohn eines Försters zu Geroldsgrün – Bayreuth) im Jahre 1798 aus Holstein in die Grafschaft Oldenburg kam und von 1798 bis 1804 als „gehender Förster“ seinen Dienst in Sandhatten (Landkreis Oldenburg) verrichtete. Nach seiner Heirat im Jahre 1803 mit D. C. Börner aus Sandhatten siedelte er im Jahre 1804 zu seiner neuen Dienststelle nach Lastrup über und blieb hier – zum „reitenden Förster“ befördert – bis zum Jahre 1837 im Dienst.

Sollte diese Silhouette – wie vermutet – um 1817/1820 entstanden sein, wäre A. Püschelberger im Alter von etwa 47 bis 50 Jahren porträtiert worden. Er zeigt die „Montur“ des Oldenburger „Forst- und Jagdbeamten“ im Dienstrang eines „reitenden Försters“. Als solcher hat er zu hochdienstlichen, festlichen Gelegenheiten das Recht und die Pflicht, den Zweispitz mit Federbusch zu tragen (vgl. Abb. 42). Der ihm zustehende Uniform-Oberrock ist ein Frack mit stehendem Kragen, sechs Silberknöpfen (einer davon durch den geöffneten Rock verdeckt) und mit aufgeschlagenen Rockschößen (festgehalten durch einen Silberknopf). Die Epauletten mit Silber-Candillen auf der Frackschulter weisen ebenso auf seinen Rang hin, wie die drei Silberknöpfe auf den hohen Ärmelmanschetten. Zeichen seines Ranges sind auch der Hirschfänger („Couteau“) mit silberner Griffverzierung, den er in der linken Hand trägt sowie das goldene Schloß (das einzige Gold-Accessoire) des schwarzen Lederkoppels.

Aus dem am Hals aufgeknöpften Frack schauen weißer Stehkragen, Spitzen der Weste, Schleifenkrawatte sowie das „Jabot“ heraus. (Unter der Frackweste erkennt man die silberne Uhrkette mit Anhänger.) Die enganliegenden Beinkleider sind wie Pantalons in die Reitstiefel gesteckt; an den Stiefeln mit flachen Absätzen sind Silbersporen befestigt. Darin besteht kein Unterschied zu seinen bäuerlichen Landsleuten!

Mit der kleinen Vogelflinte (Steinschloßgewehr) in der rechten Hand (von Dilly in allen wesentlichen Teilen durch Nadelritzungen kenntlich gemacht) steht der im Jahre 1811 geborene Sohn Nicolaus in „voller Jagdmontur“ seinem Vater gegenüber. Als Kopfbedeckung trägt er die moderne handliche Schirmmütze, die „Casquette“, deren Oberteil weich und faltenreich – wohl aus einem samtähnlichen Stoff – gearbeitet ist. Die zweireihige Frackjacke hat sehr kurze Schöße, läßt aber oben am Hals alle – auch bei den Männern zu beobachtenden – Mode-Accessoires herausschauen: weißer Stehkragen, Schleifenkrawatte, Weste und „Jabot“. Die enganliegenden Beinkleider sind in die hochgeknöpften Stiefelgamaschen gesteckt, die leichten Schuhe haben flache Absätze. Über der Schulter trägt der Knabe eine Jagdtasche, die mit allem notwendigem Zubehör behangen ist.

Die einzige Tochter der Püschelbergers, Caroline, (geb. 1813 und 1840 mit einem Menslager Kaufmann verheiratet) ist ihrem um zwei Jahre älteren Bruder auch auf dem Bild „nachgeordnet“. Sie trägt keine Kinderhaube mehr, sondern zeigt unverdeckt die ganze Fülle ihrer Locken. Um den Hals ist ihr ein nach vorn zur Schleife gebundenes Stoff-(Samt?)Bändchen gelegt, darunter die weit auf die Schultern fallende „Kröse“. Hochgegürtet und auf dem Rücken mit einer Schleife versehen ist das kurzärmelige, geblümt-gestreifte Empirekleidchen. An den Füßen sind weiße Strümpfe und absatzlose Schleifchenschuhe mit Bindeband zu erkennen.

Die zweite Personengruppe dieses Bildes wird von der Mutter geführt, die gerade den gedeckten Kaffeetisch erreicht hat. Wenn das Entstehungsdatum dieses Schnittes mit den Jahren 1817 bis 1820 richtig angegeben ist, dann wäre Dorothea Caroline Püschelberger, geb. Börner, gerade 45–48 Jahre alt. Zur sonntäglichen Kaffeetafel trägt sie weder Haube noch Hut – wie es aus diesem Anlaß die Bäuerinnen auf dem Lande für nötiggehalten hätten. Die Frau des Forstbeamten ist sonntäglich-bürgerlich gekleidet. Die Haare sind teils nach vorn in die Stirn, zum überwiegenden Teil aber nach hinten gekämmt, dort umgeschlagen und hochgesteckt; der so entstandene kleine Dutt oder Knoten wird am Hinterkopf von einem Steckkamm gehalten. An den Ohren trägt sie silberne Ohrringe. Als Halsschmuck hat sie kein Goldkettchen, sondern nur eine Art Samtband, das vorn mit einer Brosche geschlossen und zu einer Schleife gebunden ist. Das fransenbehangene „Fichu-Schultertuch“ fällt auf dem Rücken zu einer Spitze und vorn sehr

Farbtafel XIII und XIV: Ammerland

Silhouetteur Dilly
22 October 1825

Silhouetteur Dilly
12 October

lang in zwei Zipfelenden herab. Über dieses Tuch ist die Halskrause mit doppeltem Spitzenbesatz gelegt. Das ärmellange Empirekleid hat einen hoch in der Taille ansetzenden Gürtel, unter dem auch die „Fichu-Zipfel" durchgezogen und befestigt werden. Die Schuhe und Strümpfe entsprechen ganz denen der Tochter Caroline. Vom Silhouetteur durch weiße Farbstriche betont sind der Ringschmuck an den Händen und die Tasche in der linken Hand, die vermutlich aus Silbermetall gefertigt ist. Somit ist der Modeschmuck aus Silber der Frau Försterin genauso konsequent und harmonisch aufeinander abgestimmt wie alle Zierstücke und Würdezeichen am Uniformrock ihres Mannes.

Die beiden älteren Söhne des Försters schreiten – als Zeichen ihres Bildungsstandes – mit aufgeschlagenen Büchern in geprägtem Leder zur Kaffeetafel. Die Physiognomie und der Haarwuchs dieser Söhne, die wie junge Männer gekleidet sind, ist recht unterschiedlich. Der größere der beiden ist im Jahre 1804, der kleinere im Jahre 1808 geboren. Genau übereinstimmend ist ihre Kleidung: kurzer, sich nach oben verjüngender Zylinderhut mit hochgestellter Krempe, zweireihiger Frack mit sehr kurzen Schößen, Stehkragenhemd, Schleifenkrawatte, Einstecktuch, Stehkragenweste, lange Röhrenhosen und Stiefel oder Stiefeletten mit flachen Absätzen. Aus der Frackjacke schaut jeweils die silberne Uhrkette mit Anhänger heraus.

Auf diesem Bild sind alle Personen in der Art der „vornehmen" Silhouette im Schwarz-Papierschnitt mehr oder minder unbemalt porträtiert. Nur der Hintergrund und der gedeckte Tisch sind farbig ausgemalt.

Tisch und Binsenstühle sind im Stile des „schlichten" englischen Möbels gestaltet. Der Tisch ist, nach der Anzahl der Tassen zu urteilen, für sechs Personen gedeckt; das Porzellangeschirr besteht aus Tassen, Untertassen, zwei Kannen (Kaffee- und Milchkanne), einer Zuckerschale sowie einem Teller, der mit runden Kuchen gefüllt ist. Auch silberne Löffel und eine silberne Zuckerzange liegen auf dem Tisch. Vor der Kaffeetafel läuft der buntgefleckte Langhaar-Jagdhund, der im Maul noch ein erlegtes Rebhuhn apportiert.

Farbtafel XIII und XIV

Am Samstag, dem 22. Oktober 1825, läßt sich das Ammerländer Bauern-Ehepaar S. aus Linswege (Kirchspiel Westerstede, Landkreis Ammerland) in „Brustbild-Manier" von C. Dilly silhouettieren (Durchmesser 26,5 cm, Rahmenbreite: 3,7 cm). Gerahmt wird dieses Bild von einem doppelten Blüten-Girlanden-Kreis mit aufgesetzter Schleife, der bunt aquarelliert ist. Der aus mehreren zusammengeleimten Holzschichten bestehende, kreisrund geschnittene Rahmen scheint noch aus gleicher Zeit zu stammen. Die Personendaten sagen aus, daß die Bäuerin auf dem Bild 59 Jahre und ihr Mann 65 Jahre alt ist. Obwohl beide Personen nicht in ganzer Statur wiedergegeben wurden, gibt es genügend Hinweise zur Sonntagskleidung der Bauern dieser Zeitepoche, die aussagen, daß auch sie im Modetrend des „Empire" gekleidet waren. Besondere regionaltypische Eigenständigkeiten der Kleidung sind dem Bildnis der Bäuerin S. zu entnehmen; denn sie trägt eine in dieser Form nur für das Ammerland bezeugte Frauenhaube. Es ist die zu dieser Zeit übliche, aus drei Stücken zusammengenähte sogenannte „Drei-Pantsmütze" mit Goldbrokat-Stickereien, die zum Gesicht hin ringsum mit einer Spitzenrüsche eingefaßt („ein geriffelter Strich mit einem spitzen Streifen = Stremel", nach B. Winter) und vorn unter dem Kinn von einem Schleifenband gehalten wird. Als „alles überragendes" Beiwerk wird auf diese Goldhaube noch das mit Tüllstreifen ausgestattete „Bindken" gesetzt, dessen lange Bänder hinten zu einer Schleife gebunden werden. Daß diese auch von B. Winter in seinen „Volkslebensbildern" aus verschiedenen Blickwinkeln in allen Einzelheiten gemalte Ammerländer Frauenhaube tatsächlich einst existiert hat (Abb. 56), wird durch dieses Bild von Dilly glaubhaft bezeugt. Aus den Dilly-Bilddokumenten ist ebenfalls ablesbar, daß zur Ammerländer Frauenbekleidung dieser Zeit das große, hinten zu einem „Timpen" (Zipfel) herunterhängende „Fichu-Schultertuch" gehört. Der hoch in der Taille ansetzende und über die nach vorn fallenden Schultertuchzipfel übergreifende Gürtel verrät, daß auch diese Bäuerin das immer noch zeittypische einteilige Empirekleid trägt. Weitere Details der Bekleidung sind in diesem „Brust-Bild" nicht zu entdecken.

Farbtafel XV: Kreisphysicus, Westerstede

Der Bauer S. ist ohne Hut dargestellt, sicherlich gehört zu seinem „Sonntagsstaat" – wie bei anderen Ammerländer Bauern in derselben Zeit bezeugt – der hohe Zylinder (Abb. 49). Seine vollen Haare sind lang nach hinten gekämmt und rollen sich über dem umgelegten hohen Rockkragen auf. Ohne Zweifel handelt es sich bei diesem Rock um einen zweireihig geknöpften Frack, aus dem Hemdkragen und Schleifenkrawatte oben am Hals hervorschauen.

Schon die gleich gestalteten Rahmen und die ähnlich gemalten Girlandeneinfassungen der zweiten „Brustbild-Silhouetten" aus dem Ammerland deuten darauf hin, daß zwischen den Auftraggebern enge verwandtschaftliche Beziehungen zu vermuten sind, wie das auch tatsächlich der Fall war. (Heute noch befinden sich beide Bilder in ein und derselben Familie.)

Auf dem Familienbild (Durchmesser: 38 cm) sind die Tochter, der Schwiegersohn (Bauer E. aus Linswege, Kirchspiel Westerstede, Landkreis Ammerland) sowie die Enkelkinder des Bauern-Ehepaares S. silhouettiert.

Die Bauersfrau E., laut Angabe von Dilly „geb. 1794, July, alt (bald) 31 Jahr", trägt – im Gegensatz zu ihrer Mutter – keine Frauenhaube mehr, die demnach nicht mehr der neuesten Mode entsprach. Geändert hat sich gegenüber der kurzen lockigen „Titusfrisur" des Empire (wie es die Dilly-Bilder des Artlandes um 1815/20 dokumentieren) auch die Haarmode dieser Ammerländerin, deren lange und glatte Haare bis zur Schulter herunterfallen. Ein anderer gewichtiger Unterschied zur Kleidung der Mutter besteht darin, daß sie kein Schultertuch mehr trägt. Stattdessen ist um den freien Hals eine viergliedrige Silberkette (mit verdeckter Schließe) gelegt, und die Schultern sowie der Kleiderausschnitt werden von einer breiten Halskrause mit Spitzenbesatz verdeckt. Auf dieser „Kröse" ist eine Silberbrosche befestigt. Der Gürtel mit großer Silberschnalle ist zwar noch hoch angesetzt, aber doch schon etwas tiefer gerutscht als beim „klassischen" Empirekleid üblich. Die faltenreichen „Puffärmel" sind im Ansatz und Abschluß durch Spitzenrüschen gefaßt.

Frisur, Schmuck und Kleidung der acht- und dreijährigen Töchter haben nichts kindgemäßes, sie sind fast mit denen der Mutter identisch; einzig die Puffärmel haben als geringfügige Abwandlung einen Spitzenbesatz nur am Ärmelansatz, und es fehlt den Töchtern die Silberbrosche auf der „Kröse".

Der Bauer E. hat die typische Titusfrisur, kurze ins Gesicht gekämmte Haare, die hinten auf dem Rockkragen aufliegen. Sein Anzug weicht nach Typ und Schnitt hingegen nicht von dem seines Schwiegervaters ab, auch nicht die modischen Accessoires: Stehkragenhemd, Schleifenkrawatte, Weste und zweireihig geknöpfter Frack.

Die Scherenschnittbilder der Ammerländer Bauernfamilien S. und E. (aus dem Kirchspiel Westerstede, Landkreis Ammerland) dokumentieren die sonntägliche Kleidermode dieser Region von drei Generationen. Die mannigfachen Unterschiede können belegen – wie bei den Bildern Abb. 1, 5 und 9 –, daß um 1825 jeweils zwischen der älteren und jüngeren Generation ein sichtbarer Unterschied im Kleidungsstil bestand. Die Großelterngeneration akzeptierte den Wandel nur partiell.

Farbtafel XV

Um 1827 dürfte C. Dilly das Scherenschnittbild des Chirurgen und „Kreisphysicus Doctor Eismann" aus Westerstede (Landkreis Ammerland) geschnitten haben; es ist unsigniert. Dr. Eismann war seinerzeit der einzige Arzt im Kirchspiel Westerstede, um 1827 sogar der einzige Arzt im gesamten Ammerland. Da er erst im Jahre 1827 als Nachfolger des Dr. Wulff die Kreisphysicus-Tätigkeit im Ammerland aufnahm, kann die Silhouette (mit Titelunterschrift) frühestens zu diesem Zeitpunkt entstanden sein (Höhe 34,8 cm, Breite 27,4 cm).

Der „Kreisphysicus" läßt nur seinen zur Seite gewandten Kopf im Silhouetten-Profil darstellen, der gesamte Körper ist zum Bildbetrachter hingekehrt. Dadurch wird seine Kleidung besser sichtbar und erscheint durch viele sorgfältige Nadelritzungen auch „herausgeputzt". Die Haare sind voll ins Gesicht gekämmt und fallen nach hinten lang herab, der Backenbart reicht bis zum Kinn. Durch das dargebotene „Dreiviertel-Profil" ist der zweireihig geknöpfte Frack mit seinen knielangen Schößen gut zu erkennen. Das Unterhemd hat nicht mehr die hohen „Vatermörder"-Spitzen, ist aber am Hals umwikkelt von einer Schleifenkrawatte. Aus der Weste, die nach unten hin gerade abschließt, schaut das immer noch modische, spitzenbesetzte „Rüschen-Einstecktuch" – das „Jabot" – weit heraus. Die silberne Uhrkette mit Petschaftanhänger hängt lang aus der Westentasche herunter. Modisch elegant ist die lange Röhrenbein-Hose, die nun die enganliegende Pantalonhose, zu der hochschäftige Stiefel getragen wurden, aus der ländlichen Oberschicht verdrängt zu haben scheint. Schuhe mit flachem Absatz schauen unter der Hose hervor. Der lange Stock mit zierlichen Beschlägen vom Ende des

18. Jahrhunderts wurde in der ersten Hälfte des 19. Jahrhunderts zum groben Knüppel- oder Knotenstock umgeformt (im Ammerland als „Kluvstock“ oder „Patstock“ bezeichnet). Für den Landarzt Eismann, der, wie überliefert, weite Fußmärsche von Westerstede nach Zwischenahn, Edewecht und Apen zurückzulegen hatte, war er eher ein Nutzgegenstand als ein Moderequisit. Statt des repräsentativen aber unbequemen hohen Zylinders trägt er die im Biedermeier immer beliebter werdende sog. Schirmmütze, den „Hut ohne Krempe“.
Die das Bild rahmenden großen und kleinen Sträucher sind ebenfalls in der Manier des „Schwarzpapier-Schnittes“ hergestellt; aber während der kleine Strauch links im Bild aus einem einzigen Stück Papier herausgeschnitten wurde, sind die Sträucher rechts aus mehreren kleinen Papierteilen zusammengeklebt worden.

Abb. 55: Bernhard Winter „Bauerntanz aus alter Zeit“, Öl auf Leinwand, 120 × 200 cm, 1904

Abb. 56: Detail aus dem Winter-Bild „Bauerntanz aus alter Zeit“, vgl. Taf. XIII

Am Freitag, dem 8. Mai 1829, übernimmt C. Dilly den Auftrag, die Bauernhof-Pächterfamilie AES. aus Logabirum (Landkreis Leer, Ostfriesland), nach der Manier der aquarellierten Silhouette zu „malen“. Aus diesem Anlaß präsentiert sich die Familie in „sonntäglicher Hauskleidung“ im Garten, der durch kräftig gewachsene Obstbäume perspektivisch gestaltet ist. An den Früchten, nicht an den Blättern, ist zu erkennen, daß es sich um Mirabellen-, Birnen-, Apfel- und Pflaumenbäume handelt, die aber für die auf dem Bild angegebene Maienzeit allzu früh reiche Früchte tragen. Der Gartenweg ist durch Blautönung angedeutet und wird durch jungen Baumbestand begrenzt. Als zusätzliche Wegdekoration wurden blühende Blumenstauden (z. B. Rosen) in irdenen Blumenkübeln (der sichtbare Blumentopf trägt die Künstlersignatur) aufgestellt, eine zu dieser Zeit in Ostfriesland und auch auf Dilly-Bildern häufig zu beobachtende Gepflogenheit biedermeierlicher Gartenkultur.

Farbtafel XVI

Die sieben Personen dieses Scherenschnitts (Breits 53,7 cm, Höhe 43,2 cm) sind zu zwei Gruppen geordnet: Der Vater hat die Söhne und den weißbunt gefleckten, kurzhaarigen Hofhund um sich, die Mutter wendet sich ihren Töchtern zu. Der Familienvater, Sohn eines Hausmanns zu Brinkum-Holtland, heiratete am 30. Oktober 1813 die Tochter eines Hausmanns und Deichrichters aus Barge bei Detern. Nach der Eheschließung pachtete der Landwirt AES. zunächst einen Bauernhof in Potshausen. Nach einigen Jahren (ab 1820/22) wechselte er als „Hofpächter“ nach Logabirum über und blieb hier bis zu seinem Tode im Jahre 1851. Während der Pachtzeit in Potshausen wurden die beiden älteren Mädchen (rechts im Bild) Maretje und Johanna geboren, in Logabirum die übrigen Kinder: 1824 Aikelina (drittes Mädchen links im Bilde, vor der Mutter stehend) und 1830 Eilt (neben dem Hund stehend). Zur Entstehungszeit des Bildes (1829) hatte demnach der Sohn Eilt noch gar nicht das Licht der Welt erblickt; seine Silhouette scheint einige Jahre später „nachgeliefert“ und hinzugefügt worden zu sein. Für diese Annahme spricht auch, daß der Kopf des kleinen Eilt den Blumentopf der Rosenstaude jetzt total verdeckt. Der Bauernhofpächter AES. kleidet sich zur Biedermeierzeit in mancherlei Hinsicht nicht überaus modisch.

Farbtafel XVI: Bauer AES., Logabirum

Sein schwarzer, zweireihig geknöpfter Frack zeigt zwar modischen Schnitt, die breitgestreifte, unten gerade abschließende Weste (Gilet) und der „Vatermörder"-Hemdkragen mit umwickelter bunter Schleifenkrawatte verraten modischen Chic, aber die graue, an den Seiten geknöpfte und mit einer Silberschnalle dekorierte Kniebundhose und die graugestreiften Wollstrümpfe sind zu dieser Zeit in vielen ländlichen Gebieten des Weser-Ems-Gebietes ebenso unmodern geworden, wie die mächtigen Silberschnallen der Halbschuhe. Als typisch männlicher Schmuck wird auch bei ihm der silberne Uhranhänger mit Petschaft unterhalb der Weste sichtbar. In „Hausväter-Würde" raucht er die kordel- und quastenbehangene Meerschaumpfeife mit langem Rauchrohr.
Die Söhne des Bauern sind alle gleich gekleidet: Sie tragen breite, spitzenbesetzte weiße Halskrausen und darüber ein verknotetes buntes Halstuch. Die „Jungenanzüge" bestehen aus nur hüftlangen, mit „Gold"-Knöpfen reich ausgestatteten Jäckchen und Hosen mit langen, röhrenförmigen Beinkleidern. Der „Junior", Eilt, geb. 1830, hier als ein- bis zweijähriger Knabe dargestellt, hat ein grünes, flauschig fallendes Mützchen ohne Schirm auf dem Lockenkopf. Lockiglang sind auch die Haare des älteren Bruders. Beide Knaben halten in der rechten Hand als Spielzeug eine Peitsche. Hier tritt erstmals eine eigene Kinderkleidung in Erscheinung, die sich wesentlich von der der Erwachsenen unterscheidet.
Die Bauersfrau, im Jahre 1829 genau 35 Jahre alt, ist auf dem Bild kleiner von Statur als ihr Mann, überragt aber alle Töchter um Kopfesgröße („Bedeutungsperspektive"). Ihr Haar wird durch die mit viel Liebe zum Detail „gemalte" Frauenhaube verdeckt, die das Gesicht mit einer weißen Rüschenspitze einrahmt. Zum Hinterkopf hin erweitert sich die Haube mächtig, fast tellerartig. Aufgrund der angewandten Nadelritz- und Pinseltupftechnik des Silhouetteurs darf man vermuten, daß auch dieser Teil der Haube gerüscht und spitzenbesetzt ist. Direkt unterhalb des Kopfes, am Halsansatz, befindet sich eine nicht sonderlich breite Spitzenhalskrause, die vermutlich nicht auf den Schultern aufliegt, sondern an der Haube selbst befestigt ist, sich also bei jeder Kopfdrehung mitbewegt. Nicht verdeckt von dieser Halskrause wird der goldene Halsschmuck, dessen Goldanhänger auf dem Schultertuch aufliegt. Die gesamte Schulterpartie wird durch dieses buntgemusterte, fransenbehangene Tuch bedeckt, das wie ein „Fichu" hinten auf dem Rücken zipfelartig und nach vorn in zwei nebeneinander geordneten Zipfeln, durch eine Brosche gehalten, herabfällt. Ein Verrutschen des Schultertuches verhindert zusätzlich der hochangesetzte Gürtel mit Goldschnalle. Das Kleid ist fraglos als einteiliges Empirekleid (Papier: schwarz mattgetönt) zu deuten, das von einer vermutlich schwarzen Seidenschürze (Hochglanzpapier) bedeckt und geschützt wird. Mit der einen Hand reicht die Mutter der jüngsten Tochter eine Brezel, in der anderen hält sie mit einem großen weißen Taschentuch, wie die älteste konfirmierte Tochter, das grüne, ledergebundene und mit reichlich Silberbeschlag ausgestattete Gebet- und Gesangbuch.
Die artig in „Reih und Glied" aufgestellten Mädchen haben lockige, fast schulterlange Haare. Alle drei tragen sie goldene Ohrringe, viergliedrige, eng am Hals anliegende Korallenketten, breite verknotete Halstücher, weiße, breite Spitzen-Halskrausen, hoch in der Taille angesetzte Gürtel mit Goldschnallen, Empirekleidchen mit schwarzen Seidenschürzen, graublaue Strümpfe und leichte absatzlose Schleifchenschuhe. Alle Kleider, auch das der Mutter, haben am Rocksaum eine mehrreihig abgesteppte Bortenverzierung. Im Gegensatz zu den Brüdern hatten die Mädchen noch keinen eigenen „Kinder-Kleidungsstil", sondern zeigten nur das verkleinerte Abbild der Erwachsenenwelt.

Farbtafel XVII

Nicht nur vermögende Bauern oder reiche Honoratioren des ländlichen Raumes leisteten sich das Vergnügen der Selbstdarstellung in kolorierten Silhouettenbildern, auch „kleine Leute" hatten denselben Wunsch und konnten ihn sich offensichtlich auch in dem ein oder anderen Fall erlauben. Dafür ist dies farbige Scherenschnittbild ein Beleg, denn es wurde von dem „Warfsmann" J. aus Loga (Landkreis Leer, Ostfriesland) (Warfsleute wurden später im Volksmund auch „Köterburn" genannt) in Auftrag gegeben. Nach Aufteilung der Gemeindemarkengründe lag der Landbesitz dieser Bauernstelle knapp unter 15 ha Größe. Die Familie J. hatte drei Söhne und eine Tochter.
Zur Wohnkultur der Biedermeierzeit gehörte auch der Garten. Eine „Gärtnerei in Blumentöpfen" wurde eifrig betrieben. Dies am Mittwoch, dem 28. Oktober 1829, fertiggestellte Genrebild „Familie im Hausgarten" (Höhe 37,7 cm, Breite 47 cm), spiegelt diesen Zeittrend wider. Die angedeutete Ziegelmauer ist die Giebelwand des „Vorderhauses", des Wohnteils eines sogenannten „Ost-

Farbtafel XVII: Warfsmann J., Loga

friesischen Gulfhauses". Angedeutet sind auch die Kreuzsprossenfenster mit außen angebrachten Blendläden, eine sehr stark verkürzt wiedergegebene Außentür sowie ein kleines Fenster. Auf dem First des Hauses ist der Kaminschornstein sichtbar.
Der Garten der Familie J. vereint Nutz- und Zierfunktionen; fast „wie unter Palmen" verweilt die Familie unter hohen Obstbäumen, die entsprechend der herbstlichen Jahreszeit reichlich Früchte tragen (Äpfel, Birnen, Mirabellen, Pflaumen). Zwischen den hohen und den noch kleinen Bäumen sind zahlreiche blühende Blumenstauden – in irdenen Töpfen dekorativ verteilt – am Boden aufgestellt, Rosen und Hortensien, Nelken und allerlei andere Arten. Die biedermeierlich-gemütliche, sonntägliche Atmosphäre auf diesem Bild wird noch gesteigert durch den Pfeifenraucher, der Ruhe und Würde ausstrahlt, durch die „Damen", die jeweils eine Blume in der Hand halten, und durch den Knaben, der sich gerade mit einem Vogelnest beschäftigt. Alles wirkt idyllisch.
Nichts an der Sonntagskleidung des „Warfsmannes" wirkt arm oder bescheiden, rückständig oder altmodisch. Auf dem Haupt trägt er einen im Kopfteil sehr hohen Zylinder, zusätzlich geschmückt mit einer „goldenen" Hutschnalle. Die Haare sind mittellang und nach vorne gekämmt. Die Schöße des zweireihig geknöpften, weit zurückgeschnittenen Fracks fallen bis zu den Stiefeln herab, und am Hals werden der weiße „Vatermörder"-Kragen, die exakt gebundene Schleifenkrawatte und der Ansatz der Weste sichtbar. Die langen, engen Beinkleider der „Pantalon"-Hose sind in die hochschäftigen Stiefel gesteckt. Als männliche Modeaccessoires sind die goldenen Anhänger der Uhrkette sichtbar. Kunstvoll geschnitzt ist die kordelbehangene Porzellankopfpfeife mit Deckel.
Die Frau des „Köterburn" ist nach Dilly-Art wieder kleiner dargestellt als der Mann. Auch ihr fehlt es nicht an festlicher Kleidung und reichlichem Goldschmuck. Ihre Frauenhaube ist der der Bäuerin S. aus dem benachbarten Logabirum ähnlich (Taf. XVI): eine das Gesicht rahmende Spitzenrüsche an der Haube, ein am Hinterhaupt sich stark ausweitendes „Kopfteil" aus „Spitzenstoff", eine an der Haube befestigte „Hals-Spitzenrüsche" und unter dem Kinn ein festgeschnürtes, mehrfach um die Haube geschlungenes Band. Um den Hals ist eine mehrgliedrige Kette gelegt, an der, für Ostfriesland typisch, ein „halbmondförmiger" Goldschmuck hängt. Das Dékolleté und die gesamte Schulterpartie einschließlich der Ärmel werden von einem großen grünen und mit Fransen behangenen „Fichu-Schultertuch" verdeckt, das vorn von einem hoch in der Taille ansetzenden Gürtel mit goldener Schnalle zusammengehalten wird. Von wahrscheinlich gleicher Stoffart (und gleichem Schnitt) ist das Empirekleid, das nach unten hin mit mehreren Zierborten abschließt. Wie das Schultertuch sind die Strümpfe grün gefärbt, an den Füßen trägt die Frau des Bauern absatzlose Schleifchenhalbschuhe. Das Gebetbuch mit Silberbeschlägen wird traditionsgemäß zusammen mit einem weißen Taschentuch getragen.
Die Tochter ist – wie die Mutter – sonntäglich-modisch gekleidet. Ihre modische Biedermeier-Frisur zeigt mittellanges Haar mit langen Schläfenlocken. Zwei Bänder sind modisch in die Haarfrisur eingearbeitet. Wie die Mutter zeigt auch die Tochter reichlich Goldschmuck: Ohrringe, Halskette, Manschettenknopf, Gürtelschließe. Eine weiße, spitzenbesetzte Halskrause ist über die Schulter gelegt, und um den Hals ist in lockerer Manier zusätzlich ein grünes Halstuch verknotet. Das Kleid der Tochter ist in Stoff und Form so gearbeitet wie das der Mutter. Zusätzlich trägt sie eine Schürze und weiße Strümpfe. In der rechten Hand hält das Mädchen das weiße Taschentuch, da sie aber noch nicht konfirmiert wurde, fehlt ihr das Gebetbuch.
Das kleinste Kind – ein Junge – steckt, da noch nicht ganz trocken, noch im Säuglingskleidchen. Das Köpfchen wird durch das mit Schleifchen und Spitzenrüschen verzierte Kinderhäubchen geziert. Auch am Halsansatz hat das Häubchen eine umlaufende Spitzenrüsche. Eine mehrgliedrige Silberkette ist am Hals sichtbar. Das wie bei der Mutter und der Schwester hoch in der Taille ansetzende Kleidchen hat faltenreiche Puffärmel; darüber liegt auf den Schultern die weiße Halskrause. Der kleine Junge in Mädchenkleidung ist auch sonst mit recht weiblichen Accessoires ausgestattet: in der linken Hand ein Blumenstrauß und in der rechten ein geflochtenes Körbchen.
Die Bekleidung des zweitältesten (bei dem Vater stehenden) Sohnes entspricht nach Art und Ausstattung genau der der Jungen des Bauern S. aus Loga (Taf. XVI): kurzes Jäckchen mit vielen Messingknöpfen, lange Röhrenhose und weiße Halskrause. Dem Sohn des „Warfsmannes" fehlt nur das verknotete bunte Halstuch.
Der älteste Sohn der Familie J. ist wie ein junger Mann gekleidet: Schirmmütze, modisch-elegant geschnittener Frack mit knielangen Schößen und vielen Messingknöpfen, weißer „Vatermörder"-Hemdkragen, Schleifenkrawatte sowie Weste. In der rechten Hand hält er – wie auch der Junge der Artländer Familie ML. (Taf. V) und der des Südoldenburger Notars N. (Taf. XI) – ein Vogelnest, auf dessen Rand ein großer Vogel sitzt. An seinen Hosenbeinen springt ein kleiner Hund hoch.

Farbtafel XVIII: Bauer CJD., Wirdum

Farbtafel XVIII

Das Familienbild des vermögenden ostfriesischen Marschbauern CJD. aus Wirdum (Landkreis Aurich) ist das größte (Höhe 65 cm, Breite 90 cm), aufwendigste und sicherlich auch teuerste Genre-Scherenschnittbild, das aus der künstlerischen Produktion von C. Dilly überliefert ist (Signatur rechts im Bild neben dem Stamm des Birnbaums). Es ist auch das letzte in der Reihe der datierten Dilly-Bilder, denn es ist kein späteres nachweisbar. Allein die im Bild 50–60 cm hohen Obstbäume mit all ihrem Laubwerk erforderten ein meisterliches Können des Silhouettierens. Zu diesem bedeutenden Ereignis einer „großangelegten" Bilddokumentation begab sich die ganze Familie CJD. am Mittwoch, dem 15. Mai 1839, in sonntäglicher Kleidung in den hausnahen Nutz- und Ziergarten. Den größten Teil der Bildfläche nehmen die Obstbäume ein, deren Blattwerk je nach Obstsorte unterschiedlich geschnitten wurde. Diese mächtigen Bäume aus einem einzigen Stück zu schneiden, wäre wohl zu schwierig, aber wohl auch zu unrationell für den Papierverbrauch gewesen. Daher schneidet Dilly Blätter und Äste aus kleinsten Papierschnipseln und klebt sie derart geschickt an- und übereinander, daß jeder Baum als „geschnittene Einheit" erscheint. Der Hauptstamm des jeweiligen Baumes ist immer aus einem einzigen Papierstück herausgeschnitten und zusätzlich durch Nadelritzungen in seiner für ihn typischen Rindengestaltung charakterisiert. Beim Stamm des Kirschbaumes, der genau die Mitte des Bildes kennzeichnet, verwendet er eine in der Silhouettiertechnik häufig zu beobachtende Arbeitsweise, nämlich das Papier in der Mitte zu falten und auf diese Weise durch einen einzigen Schnitt eine spiegelbildlich gleiche Kontur für beide Seiten zu erhalten. Diese Methode war bei dem als krummgewachsen dargestellten Baumstamm (links im Bild) nicht anwendbar. Ein Biedermeiergarten war üblicherweise in rechteckige Beete eingeteilt und von geraden Wegen begrenzt; ähnlich scheint auch der Hausgarten der Familie CJD. angelegt gewesen zu sein. Als Bildbegrenzung im Vordergrund und als dekorative Akzente des in blaugrauer Farbtönung markierten rechteckig angelegten Gartengrundstücks dienen blühende Blumenreihen und hohe Blumenstauden (Nelken, Rosen u. a. Blumensorten), die sich in Blumenkübeln mit seitlich angebrachten Knäufen befinden. Auch auf diesem Bauernhof wurde also eine „Gärtnerei in Topfgewächsen" betrieben. Die betulich-biedermeierliche Gartenatmosphäre erhält am oberen Bildrand einen Kontrapunkt, denn durch das unruhige Hin- und Herfliegen vieler unterschiedlicher Vogelarten (Möwen, Enten, Tauben) zu und von den Bäumen entsteht wirbelnde Bewegung. Die Familie im Garten läßt sich von diesem Treiben der Vogelwelt nicht in ihrer „Sonntagsruhe" stören.

Links im Bild steht, genüßlich an seiner überlangen Pfeife rauchend, der 51jährige, ansehnlich gekleidete Marschbauer. Seinen Zylinder hat er abgesetzt und an den Apfelbaum gehängt. In der Biedermeierzeit gilt es als besonders „chic", einen grünen auf Taille geschnittenen Gehrock zu einer blauvioletten langen Hose zu tragen, in genau dieser „Biedermeier-Version" erscheint auch der Bauer CJD. auf dem Bild. Modisch-chic sind ebenso seine lockigen, lang nach hinten gekämmten Haare, der weiße „Vatermörder"-Stehkragen und die Schleifenkrawatte. Da er seine rechte Hand in die Hose steckt, wird der Gehrock unten zur Seite gerafft. So wird der Blick zum „Männerschmuck" freigegeben: der goldenen Uhrkette mit Anhänger. Kostbar und elegant ist die bis zu den Knien herabreichende Pfeife mit Porzellankopf und Hirschhornzierteilen. In keinem Detail „verrät" die Bekleidung, daß CJD. aus Wirdum ein Bauer ist; auch ein „hochbürgerlicher" Städter ist zu dieser Zeit nicht grundsätzlich anders gekleidet als er.

Die Frau (auch sie 51 Jahre alt) ist ebenso „standesgemäß" herausgeputzt wie ihr Mann. Auf dem Kopf trägt sie eine mit Spitzenrüschen überreich geschmückte Frauenhaube, wohl immer noch ein unverzichtbares Accessoire „hausfraulicher" Position. Der Maler Dilly hat diesem Kleidungsstück alle Aufmerksamkeit geschenkt und es in den wesentlichen Teilen mit vielen Nadel- und Pinselstrichen dokumentiert: Breitausladende Spitzenrüschen, die direkt an die Haube angenäht sind, rahmen Gesicht und Halspartie. Der eigentliche Kopfteil der Haube steht nach hinten hoch aufgerichtet, so daß der zu dieser Zeit übliche Haardutt („Chignon") auch unter der Haube reichlich Platz findet. Die goldenen Ohrringe sowie einige Haarlocken schauen gerade noch unter den Rüschen hervor. Hals- und Schulterpartie der Bäuerin sind durch Schmuck und farbige Tücher stark betont und stehen damit in auffallendem Kontrast zum dunklen Ton des langen Kleides. Um den Hals ist zunächst ein „kunterbuntes", fransenbehangenes schmales Tuch gelegt, dessen kurze Zipfel unter den Gürtel gesteckt sind. Darüber trägt sie die weiße Halskrause mit angehäkeltem Rand. Dieser breite weiße Kragen wird mit einer Goldbrosche vorn geschlossen. Um das Halstuch und die weiße Halskrause ist eine viergliedrige Kette gelegt, die vermutlich mit einem hier

Farbtafel XIX: Pastorenfamilie, Grimersum

nicht kenntlich gemachten Nackenschloß versehen ist. Die Zipfel des bunten Halstuches werden oberhalb des Gürtels ebenfalls von einer Goldschließe zusammengehalten. Der breite Gürtel, der – wie zur Biedermeierzeit üblich – wieder auf natürliche Taillenhöhe heruntergerutscht ist, zeigt vorn nur eine Schleife. Typisch biedermeierlich sind auch die doppelten, weitgebauschten „Keulenärmel“ des Kleides. Das Schuhwerk der Damen ist nach wie vor leicht und absatzlos. An den Fingern trägt die reiche Ostfriesin aus der Marsch viele Goldringe. Zum weißen Taschentuch fehlt erstmalig das sonst „traditionelle“ Gebet- und Gesangbuch. In der rechten Hand hat die Bäuerin eine Nelke.
Ganze 22 „Lenze“ zählt der Sohn und Erbe Jan. Er raucht aus einer ebenso langen und kostbaren Pfeife, wie sie der Vater benutzt; sie hat ebenfalls einen bemalten Porzellankopf mit Silberdeckel. Mit 24 cm ist diese Silhouettenfigur die größte aller dargestellten Personen. Die Kleidung des Sohnes unterscheidet sich von der des Vaters: Er ist mit einem stark auf Taille und vorn kurzgeschnittenen Frack bekleidet. Eine buntgemusterte Weste schaut unten und oben am Revers aus dem Frack heraus. Das weiße Hemd ist mit goldfarbenen Knöpfen versehen, und eine bauschigbreite Krawatte bildet den Halsabschluß. Unter der sehr hohen Schirmmütze mit „Sturmband“ am Bund quellen lockige Haare bis zum Halskragen hervor. Um den Frackkragen ist eine weitfallende Goldkette gelegt, die in die Frackjacke hineingesteckt ist. Unterhalb des Fracks hängt reichlich Goldschmuck heraus, wie Petschaft, Uhrschlüssel usw. Die langbeinige Hose ist graublau gefärbt und überzieht die schwarzen Stiefel oder Stiefeletten.
Die jüngste Tochter des Bauern CJD. fällt durch ihr „knallgelbes“ Kleid in der Reihe der Dargestellten ein wenig auf. Eine sorgfältige Bildanalyse ergibt jedoch, daß dieses Kleid ursprünglich nach Farbe und Stoffart ganz dem der danebenstehenden „Dame“ entsprach, also in späterer Zeit übermalt wurde. Dies gilt auch für die weißen Halskragen aller Damen, die einst ohne die „angehängten“ Halbbögen etwas schmaler waren und – durch Nadelstiche markiert – ursprünglich nur einen Spitzenbesatz hatten. Der Kleidertyp ist eindeutig als biedermeierlich anzusehen: Keulenärmel und Gürtel mit Goldschließe in natürlicher Taillenhöhe. Auch die kleine weiße Schürze ist in späterer Zeit übermalt worden, war aber ursprünglich dunkelfarbig getönt. Ohne Übermalung ist das verknotete Halstuch über dem Halskragen sowie die mehrgliedrige goldene Halskette. Weiterer Goldschmuck ist an Ohren und Fingern zu entdekken. Auch die jüngste Tochter trägt dieselbe biedermeierliche Haarfrisur wie die Erwachsenen: auf dem Hinterkopf ein geflochtener Dutt, ein Bändchen mit Schleife in die Haare eingebunden und langfallende Locken im Nacken. In der linken Hand trägt sie eine Rose und in der rechten Hand ein Armkörbchen.
Das noch unverheiratete „Fräulein“ CD. ist im Alter von 30 Jahren dargestellt. Die Haarfrisur und die Kleidermode beider „Damen“ ist in der Typik dieselbe: Haare hochgekämmt, auf dem Kopf der Dutt, Korkenzieherlokken am Hinterkopf. Das unten weitfallende, aus geblümtem Stoff geschneiderte Kleid hat große Keulenärmel und wird von einem breiten Gürtel mit Goldschnalle in natürlicher Taillenhöhe gerafft. Auch Fräulein CD. trägt reichen Goldschmuck: Goldohrringe, eine fünfgliedrige goldene Halskette, eine langfallende Goldkette mit Anhänger, außerdem noch eine bis zum Gürtel fallende Goldkette mit anhängender kleiner Uhr. Die Finger sind mit vielen Goldringen geschmückt. Der weiße Spitzenhalskragen (später übermalt) wird von einer Goldbrosche geschlossen. Ein grünbuntes Halstuch, dessen Zipfelenden über dem Busen mit einer Brosche zusammengehalten werden, liegt unterhalb des weißen Halskragens. In der linken Hand hält sie an Silberketten ein grünes Täschchen mit Metallbeschlägen, in der rechten ein Rosensträußchen. Beide „Damen“ haben absatzloses Schuhwerk mit Bindebändern und an den Füßen weiße Strümpfe.

Farbtafel XIX

In den ersten Apriltagen des Jahres 1839 erhielt C. Dilly im ostfriesischen Grimersum (Krummhörn, Ostfriesland) den Auftrag, zwei heute noch überlieferte Scherenschnittbilder anzufertigen (Taf. XX a u. b). Die teilweise übermalte Signatur dieses dritten großen Silhouettenbildes (Länge 50 cm, Höhe 37,5 cm) aus Grimersum läßt zwar noch den Namen Dilly und die Monatsangabe August erkennen, die genaue Jahreszahl ist jedoch nicht mehr zu identifizieren. Da dieses Bild, wie die genannten Vergleichssilhouetten des Jahres 1839, ebenfalls eine Grimersumer Familie darstellt und außerdem dem im Jahre 1839 angefertigten großen Scherenschnittbild der Familie CJD. aus dem nahegelegenen Wirdum (Taf. XVIII) in der Gestaltung sehr ähnelt, ist mit Fug und Recht zu folgern, daß es im August des Jahres 1839 geschaffen wurde. Die enge Verbindung zum „Wirdumer Scherenschnitt“ wird noch unterstrichen durch den auffallend ähnlichen Kleiderstil der „Damen“ auf beiden Bildern, abweichend voneinander sind nur

die Familienväter gekleidet. Auch diese Familie aus dem reichen Marschenland der Krummhörn ließ sich in sonntäglicher Gewandung im „Biedermeier-Hausgarten" porträtieren. Die tradierten genealogischen Daten berichten, daß hier die Familie des calvinistisch-reformierten Geistlichen UE. dargestellt wurde, der von 1829–1864 in Grimersum Pastor war.
Der eigentliche Anzug dieses Geistlichen unterscheidet sich kaum von dem der vornehmen Bürger in Stadt und Land; allerdings erscheint er auf dem Dilly-Bild ganz in schwarz gekleidet, was in der bürgerlichen Männermode dieser Zeit eher ungewöhnlich war. Abweichend von der „weltlichen" Kleidung trägt er unterhalb des weißen Stehkragenhemdes zwei schmale weiße Laschen am Halsausschnitt, die sog. Beffchen („Mosestäfelchen"), die zur geistlichen Amtstracht gehören. Als weiteres Attribut der „Pastorenkleidung" ist auf dem Rücken unterhalb des Kragens eine fast bis zu den Füßen herabfallende und nicht allzu breite „Schärpe" befestigt bzw. angeknüpft. Auch auf dem Norder „Waterloo-Bild" (Abb. 48) sind ganz links im Bild eine Pastorengruppe sowie ein einzelner Geistlicher in der Bildmitte (mit Dreispitz auf dem Kopf) zu sehen, von denen einer ebenfalls eine langfallende, faltenreiche, oben am Rücken befestigte Schärpe trägt. Diese „Rücken-Schärpe" war ein Kennzeichen der reformierten Geistlichen, die bei feierlichen Anlässen oder kirchlichen Handlungen (wie Taufen, Trauungen, etc.) angelegt bzw. angeknöpft wurde. Der zweireihig geknöpfte Frack ist eng tailliert und vorn kurz geschnitten; die goldene Uhrkette mit Anhängern wird auch beim „Pastorenfrack" sichtbar. Das aufgeschlagene Buch in der Hand des Geistlichen ist sicherlich ein Gebetbuch.

Vornehm und biedermeierlich ist die Frau des Pastors gekleidet. Das gescheitelte Haar fällt vorne lockig in die Stirn und ist – zum Zopf geflochten – am Hinterkopf mit einem mächtigen Kamm (aus Schildpatt oder Horn) aufgesteckt (vgl. Abb. 46). Sie trägt zur „Haartracht" keine Frauenhaube, wie zur gleichen Zeit und aus gleichem Anlaß die Bauersfrau CD. aus Wirdum (Taf. XVIII). Überreich ist ihr Goldschmuck: Ohrringe und eine fünfgliedrige Kette mit vornsitzender Halsschließe. Das fünfte Kettenglied fällt über das „kunterbunte", geknotete Halstuch, darunter liegt der weiße Spitzenkragen (in späterer Zeit übermalt und zusätzlich mit Halbkreisen versehen), der wohl von einer durch das Halstuch verdeckten Brosche geschlossen wird. Am Kleid ist in Brusthöhe eine weitere Goldbrosche angesteckt. Auch die hohe Gürtelschließe und die zahlreichen Fingerringe sind aus Gold. Das Kleid ist vornehm schwarz, wird von einem breiten Gürtel in der Taille gerafft und fällt in vielen kleinen Falten duftig herab. Die Schuhe mit Schleifchen und Bändern sind nach wie vor absatzlos und die Strümpfe – passend zum Kragen – weiß. Von der linken Hand hängt ein spitzauslaufender schwarzer Stoffbeutel herab, in der rechten Hand hält sie ein Blumensträußchen. Das Kleid der älteren Tochter (hinter dem Vater stehend) ist in Schnitt und Stil dem der Mutter nachempfunden: ein langärmeliges Kleid mit sog. „Keulenärmeln", das nach unten weit fällt und in der Taille durch einen breiten Gürtel gerafft ist. Die Schultern bedeckt ein breiter, weißer (nicht übermalter) Spitzenkragen, über dem ein buntes Halstuch verknotet ist. Als Halsschmuck trägt das Mädchen eine fünfteilige Korallenkette. In der rechten Hand hält sie einen „Handarbeitskorb" mit hochgezogenem „Stoffabschluß", in der linken – wie die Mutter – ein Blumensträußchen.

Ein wenig zu stark – weil farblich überbetont – ist das kleinste Mädchen in den Mittelpunkt gerückt; aber Kleid, Schürze und Korb wurden erst in späterer Zeit durch farbliche Übermalung stark hervorgehoben; ursprünglich war auch die Kleidung dieses Kindes schwarz gehalten. Die „herausragende" Stellung war entsprechend der Bildkomposition den Eltern zugedacht. Auch die Kleidung dieses Kindes entspricht der der Mutter: Biedermeierkleid mit „Keulenärmeln", weißer Spitzenkragen, verknotetes buntes Halstuch, mehrgliedrige Halskette. Auf dem Kopf hat das „Kleinkind" die obligate, mit vielen Schleifchen besetzte Kinderhaube (vgl. Detail-Taf. XIX). In der linken Hand hält es eine Brezel, in der rechten das geflochtene Armkörbchen.
Das Bild des kleinen Jungen rechts neben der Mutter wurde im Laufe der Zeit grob verändert; dies betrifft vor allem das Gesicht und die Halspartie. Zu erkennen ist aber noch, daß er den zweiteiligen mit vielen Messingknöpfen besetzten „Knabenanzug" trägt, wie ihn Dilly in Ostfriesland mehrfach dokumentiert hat. Auch der Junge trägt um den Hals das verknotete bunte Tuch und den weißen Spitzenkragen. Auf dem Kopfe hat er jetzt eine grün gemalte „Bommel-Mütze", die wohl aus einem flauschigen, in weichen Falten fallenden Stoff gearbeitet ist. Beim Hinterleuchten des Papiers wird sichtbar, daß die geschnittene und gemalte Taube in seiner rechten Hand später aufgesetzt wurde, denn unter dem Vogel klebt noch das ursprünglich gezeigte Blumensträußchen. Auch in dieser Hinsicht erfuhr das Bild also eine neue Ausdeutung.
Der Garten des Pastors ist ähnlich wiedergegeben wie der des Bauern CJD. aus Wirdum (Taf. XVIII). Unter Obstbäumen (Äpfel und Birnen) wachsen viele Blumen, und in großen Töpfen mit Knäufen werden Staudengewächse, vor allem Rosen, Nelken und Hortensien, dargestellt.

Farbtafel XX

Zwischen zwei Obstbäumen (Apfel und Birne), Strauchwerk und Blumenstauden in irdenen Kübeln ist in der Mitte dieses Dilly-Scherenschnittbildes das Bauernehepaar E. und Th. SG. aus Westersander (Landkreis Aurich, Ostfriesland) postiert; diese Biedermeier-Gartenszene wird von blühenden Blumenreihen begrenzt. In dieser Region des nordwestlichen Ostfriesland führt C. Dilly in den Jahren 1836 bis 1839 seine Silhouetten-Aufträge aus (Abb. 1). Das im Jahr 1836 geschaffene Bild aus Freepsum (Taf. XXI) demonstriert ebenso wie dieses Bild eine spürbare Abkehr von der Schwarz-Silhouette zu mehr malerischer Gestaltung, denn die Gesichter beider Personengruppen sind gemalt.

Der Bauer trägt einen Zylinderhut aus besonders langhaarigem Filz. Aus dem stark zurückgeschnittenen Frack mit knielangen Schößen schauen am Hals der weiße „Vatermörder"-Hemdkragen sowie die Schleifenkrawatte heraus; unterhalb der Weste baumeln als Uhranhänger Petschaft und Schlüssel. Auch dieser Bauer wählte zum zeitgemäßen Biedermeierfrack die lange Röhrenhose und Stiefel mit mäßig hohen Absätzen.

Überaus dekorativ ist der Kopfputz der Bäuerin (geb. 1799): Ein großer schutenförmiger Hut mit mehreren Schleifen ist zusätzlich mit einer mächtigen Feder gekrönt. Auf der Stirn wird der Ansatz einer weißen „Unterhaube" sichtbar, und in Ohrnähe schaut aus dem Hut ein rechteckiges Goldplättchen heraus, das goldene Endstück eines sog. „Ohreisens". Das Halsdékolleté wird von einer mehrgliedrigen Halskette mit Anhänger bedeckt. Über die Schultern ist das blumenbestickte und fransenbehangene „Fichu-Schultertuch" gelegt, dessen vordere Zipfel nebeneinander bis tief auf die Schürze fallen, der Rückenzipfel reicht aber nur bis zur Taille. Eine Anstecknadel mit Goldkettchen heftet die beiden Kanten des „Fichu" auf dem Busen zusammen. Die lange schwarze Seidenschürze der Bäuerin ist seitlich– nicht am unteren Saum – mit Fransen behangen. An den Füßen trägt sie leichte absatzlose Schuhe mit aufgebundenen Schleifen.

Während der Bauer in der Linken seine Porzellanpfeife („Bostklopper") mit Metalldeckel hält, hat die Bäuerin in der rechten Hand einen kleinen Blumenstrauß und in der linken das weiße Taschentuch.

Diese Dilly-Silhouette ist an vielen Stellen in späterer Zeit übermalt worden (gesamter Hintergrund, Taschentuch, Hände – nicht die Gesichter –, Rosenstaude und Hortensie, Blumenreihe), bei der „Restaurierung" wurde auch wohl die Signatur des Bildes abgedeckt (Breite 45,0 cm, Höhe 37,5 cm).

Farbtafel XX b

Der „Landwirt" und „Hofpächter" Eylt Doeden Fegter aus Grimersum (geb. 1771) erteilt am Montag, dem 1. April 1839, dem Maler C. Dilly den Auftrag, von sich und seiner Großnichte (der Enkeltochter des reformierten Geistlichen Jakobus Fegter) Antje Janßen-Schmidt (geb. 30. 7. 1836) ein koloriertes Scherenschnittbild anzufertigen. Im April tragen die Apfelbäume – wie hier auf dem Bild – noch keine Früchte und zeigen die Blumenstauden in den irdenen Blumenkübeln keine reiche Blütenpracht, aber der Künstler und der Auftraggeber benötigten offensichtlich für die biedermeierliche Idylle einen entsprechenden Hintergrund. Der Bauer, genüßlich die lange Pfeife („Bostklopper") mit Silberdeckel schmauchend, trägt einen zweireihig geknöpften Gehrock. Aus diesem Mantel schaut oberhalb des Revers die Schleifenkrawatte heraus; die Ärmelmanschetten sind ebenso mit Knöpfen besetzt wie die Rückenfalten des Gehrocks. Unterhalb der langen Röhrenhose werden die Halbschuhe sichtbar, die mit Schleifchen geschmückt sind.

Die Großnichte – noch keine drei Jahre alt – ist wie eine Erwachsene in zeittypischem Biedermeier gekleidet: eine Schleifchen-Haube mit Spitzenrüsche, die das Gesicht und die Halspartie rahmt; der Kopfteil der Haube ist hinten hochgestellt, ähnlich wie bei den Frauen der Krummhörn, die einen Dutt tragen (Taf. XXI). Über dem biedermeierlichen Spitzenkragen ist ein buntes Halstuch verknotet. Auch die „kleine Dame" trägt eine mehrgliedrige goldene Halskette sowie einen Gürtel mit großer goldener Gürtelschließe. In der linken Hand hält sie einen geflochtenen Armkorb, und mit der rechten nimmt sie die vom Großonkel gereichte Frucht (Apfel) entgegen.

Das Kleid, die Schürze sowie der Spitzenkragen sind später bemalt und damit in der Bildwirkung überbetont worden (Höhe 39 cm, Breite 30,8 cm).

Farbtafel XX c

Bislang ist nur ein Bild überliefert, das gänzlich vom gewohnten „Schema" der Dilly-Bilder abweicht: Es ist das „Totengedenkbild" (Breite 30,6 cm, Höhe 38,6 cm)

Farbtafel XX: Figurenpaare aus Ostfriesland

der ostfriesischen Familie Jacobus und Lukje Fegter aus Grimersum (Krummhörn) von C. Dilly – wie die Signatur rechts neben dem Grabstein verkündet – „am Dienstag, dem 2. April 1839 gemacht" (Taf. 43). Um das Scherenschnitt-Erinnerungsbild wurden alle wichtigen Familiendaten, wie Hochzeit der Eltern (1792), Geburts- und – falls bereits eingetreten – Todestage der Kinder und Enkelkinder sowie die Sterbedaten der Eheleute eingetragen. Bis zum Jahre der Bildherstellung (1839) waren von den acht Kindern schon das erste Kind (1823) sowie dessen Kind (im Alter von 7 Jahren), das vierte (1826) und das sechste Kind (1803?) tot. Auch Frau Lukje Fegter war 1838 verstorben. Da bis in die Zeit um 1845 für die reformierte Kirche in der Krummhörn immer noch Niederländisch die dominierende Sprache des Gottesdienstes, der Schule und des Buchdrucks war, sind die genealogischen Daten der Familie in niederländischer Sprache abgefaßt und nicht vom Silhouetteur Dilly geschrieben worden. Auch scheinen die letzten fünf besonders enggeschriebenen Zeilen auf der Inschriftentafel des Grabdenkmals erst nach 1839 hinzugefügt worden zu sein, vermutlich erst, als auch Jacobus Fegter im Jahre 1841 seiner Frau im Tode gefolgt war.
Dieses Bild war nicht als Wandzier gedacht, sondern als „Gedenk-Bild", als Andachtsbild zur steten Erinnerung an die Verstorbenen der Familie Fegter. Um das fromme Gedenken, besonders an die verstorbenen Eltern, wachzuhalten, erscheinen die Toten als Lebende, wird das Grabdenkmal mit redenden Bildsymbolen umgeben, mit Palmzweigen und Lorbeerkränzen, mit Herz und Krone, mit blühenden Blumen und Vögeln, alles wohl einst verstanden als Zeichen der Dankbarkeit und Liebe, des Verdienstes und des ewigen Lebens. Wie deutlich zu erkennen ist, hat Dilly von der Krone bis zum Grabsteinsockel diesen Scherenschnitt aus einem in der Mitte zusammengefalteten Stück Papier herausgeschnitten („Faltschnitt").
Das Brustbild links vom Grabdenkmal zeigt den calvinistisch-reformierten Geistlichen, Pastor J. Fegter, der sein geistliches Amt in Grimersum bis zum Jahre 1828 ausüben konnte. Ihm folgte in dieser Position der Pastor UE. (siehe Taf. XIX). Die für den reformierten Pastor charakteristische lange „Schärpe", die auf dem Rücken unterhalb des Kragens eingehängt ist, wird von Dilly im Ansatz – mit stumpfer Nadel in Ritztechnik – gezeichnet. Das Ende dieser Rückenschärpe hat der Pastor hier über den rechten Arm gehängt; auch die angedeuteten weißen „Beffchen" am Hals weisen auf den Pastorenberuf hin.
Die Frau des Geistlichen hat auf dem Haupt die zu dieser Zeit auch von den wohlhabenen Bauersfrauen und Bürgerinnen getragene Haube, die am Hinterkopf wegen des „aufgesetzten" Dutts besonders hoch absteht und zusätzlich mit Schleifenbändern geschmückt ist. Gesicht- und Halspartie werden durch breite weiße Spitzenrüschen gerahmt. Auf dem Biedermeierkleid mit „Keulenärmeln" liegt ein breiter weißer Spitzenkragen.

Farbtafel XX d

Am Dienstag, dem 20. Juni 1837 ließ sich der Hofbesitzer und Direktor der Feuerwehrversicherungs-Gesellschaft „Constantia" JCO. aus Groß-Midlum (in der Krummhörn) zusammen mit seiner zweiten, ihm am 21. 12. 1811 angetrauten Ehefrau E. aus Osterhuizen, von Caspar Dilly in seinem hausnahen „Nutz- und Ziergarten" portraitieren.
Da das Hintergrundpapier in späterer Zeit insgesamt koloriert wurde, und die Wiese, die Blumen sowie Teile der Bekleidung in arg grellen Farbtönen „neugefaßt" wurden, ist der ursprüngliche Bildeindruck stark verändert. Die „Dilly-Fassung" war verhaltener in der Farbe und feiner im Detail. Bei der „Restaurierung" des Bildes im 20. Jahrhundert wurde auch die Blumenstaude in den irdenen Töpfen im oberen Drittel „beschnitten" und neu gemalt. Auch die alte Signatur wurde überstrichen, glücklicherweise aber das Datum der Bildherstellung auf der Rückseite vermerkt. Der Kleidertyp der dargestellten Personen ist jedoch trotz der auch hier vorgenommenen groben „Überzeichnungen" noch klar zu bestimmen.
Der im Kopfteil konisch sich verjüngende Zylinder des ostfriesischen Bauern O. ist ebenso aus langhaarigem Material erstellt wie der des Bauern Taf. XXa. Der weiße Hemdkragen schließt gerade am Hals ab und zeigt nicht mehr die steifen Spitzen des „Vatermörder"-Stehkragens. Die blaue Weste mit rotem Besatz und Kragen zeigt wohl erst seit jüngerer Zeit die farbige Überbetonung, ebenso sind Goldknöpfe und Uhranhänger neu vergoldet worden.
Der Sonntagsanzug ist noch nicht nach dem neuesten „Look" der Biedermeier-Mode gestaltet, sondern ist noch der Tradition der Empire-Kleidung verpflichtet: Frack mit schmalgeschnittenen Schößen, eng anliegende Pantalon-Hosen und hochschäftige Stiefel. Biedermeiergemütlich wirkt die „Studierpfeife" mit mächtig langem Rauchrohr.
Die Kleidung der Bäuerin EO. entspricht, wie die anderer Bäuerinnen der Krummhörn auf den Dilly-Bildern, dem „Biedermeier-Schema": Haube mit angenähten Spitzenrüschen, die Gesichts- und Halspartie rahmen, (Haube am hinteren Kopfteil hochgezogen, um den „Dutt" aufnehmen zu können), weißer Kragen und weißes Einstecktuch, auf dem die mehrgliedrige goldene Halskette mit Anhänger aufliegt. Nach vorn in zwei Zip-

feln lang herunterfallendes „Fichu-Schultertuch“ mit Fransenbesatz, weit abstehender, aus schwerem Stoff geschnittener Rock, schwarze Schürze mit umlaufender Borte. In der Linken trägt die Bäuerin das weiße Taschentuch und in der Rechten einen Blumenstrauß.

Farbtafel XXI

Die neue Technik der Fotografie in Gestalt der Daguerreotypie oder das Verlangen der Auftraggeber, auf Familienbildern nicht mehr nur ein „Schattendasein“ führen zu müssen, haben vielleicht im Jahre 1836 den „Maler und Silhouetteur“ C. Dilly veranlaßt, seine Portraitweise vom Scherenschnitt zur Aquarellmalerei hin zu verändern. Die dargestellten Personen sind zwar noch in der Technik des Papierschnitts geschaffen, aber eigentlich erinnern nur die steife Haltung und die durch die Silhouette bedingte Profilstellung an den „klassischen“ Scherenschnitt. Auch die Gesichter haben jetzt „Farbe bekommen“ und zeigen natürliches Inkarnat. Sie wirken aber – da hier die künstlerischen Grenzen des „Malers“ Dilly offenbar werden – insgesamt eher puppenhaft und in der Physiognomie nicht sonderlich differenziert. Dennoch wird man dem Künstler Dilly bescheinigen dürfen, daß er mit diesem Bild (Breite 82 cm, Höhe 54,5 cm) seine persönliche Meisterleistung erreicht hat. Durch die Fülle des Dargebotenen und durch die Liebe zum Detail in der „malerischen Erzählkunst“ ist es für diese Region zu einem kulturhistorisch bedeutsamen Bilddokument geworden.
Die gespielte Szenerie auf dem ostfriesischen Hof des Bauern AKR. (Warftsiedlung Freepsum, Krummhörn, Ostfriesland) wird am Samstag, dem 20. August 1836, von C. Dilly (laut Signatur neben dem Schornstein über dem First) im Bilde festgehalten. Nur über drei der hier dargestellten Personen und über die Begebenheit, die vermutlich auch diesen Bildauftrag veranlaßte, weiß die Familientradition noch heute etwas zu berichten. Rechts im Bild, durch das nachfolgende und immer noch voranschreitende Pferd weiter in den Vordergrund gerückt, ist ein junger Mann eingetroffen, der um die Hand der Haustochter wirbt. Die mündliche Überlieferung will dazu wissen, daß er sein Ziel (die Heirat mit der Tochter) nicht erreicht hat. Ganz links im Bild begibt sich eine Dame mit rotblonden Haaren ohne Haube zur Kaffeetafel, die im Freien gedeckt ist. Aufgrund ihrer Haarfarbe und der Tatsache, daß sie Eigentümerin eines Hofes war, wird sie heute noch in der Familie das „goldene Lottchen“ genannt. Wenn diese Erzählung zutreffen sollte, war die „Auserwählte“ des berittenen Freiers bereits „unter die Haube geraten“, und die Dame links im Bild ist dann eine Tante und nicht die Tochter der Familie AKR. Die mündliche Überlieferung ist im einzelnen derzeit nicht überprüfbar, aber infolge der präzisen Malweise des Silhouetteurs ist sowohl die Sonntagskleidung als auch die Haus- und Gartengestaltung dieser vornehmen bäuerlichen „Gesellschaft“ aus der Krummhörn zu interpretieren.
Das Familienereignis fand nicht in der Stube statt, die im ostfriesischen Gulfhaus der Krummhörn bei Bauern dieses Ranges großräumig und repräsentativ gestaltet war, sondern im hausnahen, üppig blühenden Nutz- und Ziergarten. Das noch im Stil des Biedermeier gearbeitete Tisch- und Stuhlensemble der Stube wurde nach draußen zu den Obstbäumen gerückt. Der Tisch ist mit sechs Tassengedecken und Silberlöffeln (ein Tassengedeck abgefallen, aber als Abdruck noch erkenntlich), mit Teedose(?), Zuckerschale und Obstkorb gedeckt (die Kanne fehlt jetzt, da sie ebenfalls in späterer Zeit entfernt wurde, aber als Abdruck noch zu erkennen ist). Man hat den Eindruck, daß das Teeservice(?) auf einem Tischtuch steht, die Familientradition aber weiß zu berichten, daß die Tischplatte ein „buntes“ Flächenfurnier hatte. Die Teetassen(?) sind mit dem Motiv der „Ostfriesischen Rose“ bemalt, was bedeutet, daß es sich hier um echtes Porzellangeschirr handelt, vermutlich „thüringischer“ Herkunft. Die Polstersitze der Stühle sind mit Fransen behangen, und die Polsterung ist mit Metallnägeln außen an der Stuhlzarge befestigt.
Der etwas erhöht gewählte Standpunkt des Betrachters erlaubt einen genauen Einblick in den hausnahen Garten. Ein von Blumen begrenzter Weg führt um das „Vorderhaus“ herum. Links davon wachsen Beerensträucher, blühende Blumen sowohl in Töpfen als auch im Erdreich und Apfel- sowie Kirschbäume, die – für die Jahreszeit ein wenig zu früh – voll mit Früchten behangen sind. Ein Birnbaum steht in unmittelbarer Hausnähe neben der weißgerahmten Seitentür. Auch der Wohnteil dieses großen ostfriesischen Gulfhauses, das „Vorderhaus“, ist ganz und gar in den Gartenbereich mit einbezogen. Hochgewachsene – in Papier geschnittene und kolorierte – Hortensien-, Rosen- und Nelkenstauden in Blumenkübeln oder Blumentöpfen befinden sich direkt an der Hauswand auf den umlaufenden Pflastersteinen oder auf den Fensterbänken. Die hohen Sprossenfenster in Blockrahmen und mit außen befestigten Blendläden sind im Inneren bis zur ersten Fenstersprosse mit Gardinen verhängt. Auf diese Weise konnte man sich gegen

die Blicke des in einer Dorfwurt nicht sehr weit entfernt wohnenden Nachbarn abschirmen und natürlich auch gegen die Unbilden der Witterung schützen. Über den Stubenfenstern und zwischen den kleinen Dachbodenfenstern ist ein Inschriftenstein eingelassen, der die Besitzerinitialen und das Jahr der Erbauung des Wohnteils festhält. Der reine Ziegelbau ist im Dachteil mit Hohlpfannen abgedeckt. Aus dem Frist schauen zwei Schornsteine heraus, ein Zeichen dafür, daß sowohl der Wohntrakt als auch der Küchenteil durch Kaminanlagen beheizt wurden.

Im klassischen „Biedermeierlook" der Zeit ist das „goldene Lottchen" gekleidet: ein grünes Kleid mit Keulenärmeln, das nach hinten weit fällt, und mit breitem Gürtel in natürlicher Taillenhöhe. Die Hals- und Schulterpartie werden von einem weißen Spitzenkragen und einem rotbunten verknoteten Tuch bedeckt. Auch trägt die Dame – wie für eine vornehme Ostfriesin charakteristisch – reichen Goldschmuck: Ohrringe, eine fünfgliedrige Halskette, eine weitere bis zum Halstuch fallende Kette, eine Halskragen-Brosche und eine Halstuch-Nadel, ferner eine Gürtelschließe, eine Armbrosche und Fingerringe. Die Haare sind hinten zum Dutt („Chignon") aufgesteckt, vorn fallen sie in weichen Korkenzieherlocken in die Stirn. In der linken Hand trägt sie ein kleines Stoffbeutelchen, in der Form dem „Ridikül" ähnlich. Mittlerweile ist nur noch ein Fuß der Dame zu sehen.

Die drei rauchenden jungen Männer zwischen den Damen, die Söhne der Familie AKR., sind gleich gekleidet: Auf dem Kopf tragen sie eigenwillige, modische Schirmmützen, die sich – da sie wohl aus einem schweren, samtähnlichen Stoff bestehen – in Wülsten übereinander staffeln. Ähnlich einer „Polenmütze" schließen sie mit einem nach vorn oder zur Seite fallenden, verzierten „Täfelchen" ab. Modisch elegant wirken die mit doppelter (vergoldeter) Knopfreihe versehenen Fräcke, die engtailliert, vorne kurz und gerade geschnitten sind. Alle drei Söhne tragen unter diesen Fräcken keine Stehkragen-„Vatermörder" mehr, sondern gerade abschließende weiße Hemden, bunte Halstücher als Krawatten und buntgestreifte Westen. Die grauen Hosen reichen tief bis zu den Stiefeln oder Stiefeletten hinab. Entsprechend ihrem Alter tragen sie unterschiedlich lange „Porzellankopf-Pfeifen". Der rechte der drei jungen Männer hält in der rechten Hand zusätzlich einen Spazierstock.

Besonders auffällig dargestellt ist eine Dame mit einer mächtigen, leuchtendweißen Kopfbedeckung. Damit der zeittypische Dutt auch unter die Haube gesteckt werden konnte, mußte diese am Hinterkopf stark hochgezogen gearbeitet sein. Eine breite Spitzenrüsche rahmt das Gesicht; die Haube selbst ist zusätzlich mit einem blauen Band geschmückt, das zur Schleife gebunden ist. Um den Hals trägt die Dame eine schmale Spitzenhalskrause und einen weißen Spitzenkragen. Das Dékolleté ist mit einem weißen Einstecktuch bedeckt. Entsprechend der Biedermeiermode ist das Kleid in natürlicher Taillenhöhe gerafft, zeigt aber keine „Keulenärmel". Als zusätzliches Kleiderattribut gehört zur Frauenhaube wohl auch die Schürze. In der rechten Hand trägt die Frau das weiße Taschentuch, allerdings kein Gebetbuch dazu, ihre linke Hand übernimmt den vom Kavalier überreichten Brief (?). Als Schmuck zieren sie eine am Halstuch befestigte Brosche, eine goldene Halskette mit Anhänger und viele Goldringe an den Fingern.

„Gestiefelt und gespornt" tritt der „Freier" auf; nicht minder elegant und jugendlich gekleidet wie die anderen drei Männer. Auf dem Kopf hat auch er eine „stürmerähnliche" Modemütze, die in Form eines Ringwulstes mit anhängendem Bommel gefertigt ist. Der auf Taille gearbeitete Frack mit doppelter Knopfreihe ist schwarz. Ein Uhranhänger schaut unterhalb des Fracks heraus. Der Reiter trägt die ledergeflochtene Reitpeitsche in der linken Hand, und goldfarbene Anschnallsporen zieren seine Stiefel.

Ein besonderer Blickfang ist das rechts ins Bild gerückte Pferd des „Freiers", ein temperamentvoller Rappe. Über den Pferderücken ist eine mächtige Decke mit breit abgesetztem Saum gelegt, die von einem bunten Bauchgurt umgeben ist; darüber liegt ein eleganter englischer Sattel mit abgerundeten Blättern und glattem, ausgehöhltem Sitz. In aller Vollständigkeit ist auch das mit Metallbeschlägen reich geschmückte Zaumzeug wiedergegeben: vermutlich ein „Kandarenzaum" mit Trensenknebel sowie Doppelzügeln.

Zusätzliche Blickpunkte sind der braune kurzhaarige Hund neben dem Tisch sowie der gefleckte Hund, der am Hosenbein des jüngsten Sohnes hochspringt.

Farbtafel XXI: Bauer AKR., Freepsum

Schluß

Die farbigen „Modereportagen" des Caspar Dilly dürfen nicht zur Annahme verleiten, daß alle Schichten bzw. nur die Ober- und Mittelschichten im ländlichen Raum des nordwestlichen Niedersachsen ähnlich einheitlich gekleidet waren, wie es in diesen Silhouetten geschildert wird. Beispielsweise signalisieren die Trümpelmann-Silhouetten aus dem Raum Oldenburg/Ostfriesland, daß die bürgerlichen und bäuerlichen Oberschichten unterschiedliche Frisuren getragen haben. Das Bild der historischen Kleidung in Stadt und Land verliert dann plötzlich an Einheitlichkeit, wenn sich diese unterschiedlichen Gruppen aus gegebenem Anlaß wie Markt, Kirmes, Feiern etc. an einem einzigen Ort treffen. Stellvertretend für viele solcher auch heute noch auffindbarer historischer „Lebensbilder" wurde hier das der Waterloo-Siegesfeier in Norden/Ostfriesland abgebildet (Abb. 48), das den Titel trägt: „Einzug der heimkehrenden Sieger von Waterloo in Norden, 1815".[85] Auf diesem Bilddokument, das jung und alt, Männer und Frauen, Bürger und Bauern, Geistliche und Soldaten aus Norden und Umgebung zu einem besonderen Anlaß zusammenbringt, ist die Vielfalt der Kleidung innerhalb einer Raum-Zeiteinheit ablesbar: Im Jahre 1815 tragen nach Auskunft dieses Bildes in Norden die einen noch den Dreispitz, andere den Zylinder oder die Schirmmütze, einige Frauen haben den Hut, andere die Haube auf; nicht minder unterschiedlich ist die männliche oder weibliche Oberbekleidung, denn es sind Männer im Frack mit Pantanlons und Stiefeln, andere im Gehrock mit Röhrenhose und noch andere in kurzen Jacken mit Kniebundhosen zu erblicken; manche Frauen tragen ein einteiliges, andere ein zweiteiliges Kleid, die eine hat das Schultertuch um, die andere wiederum verzichtet darauf. Dem „Volksgemisch" entspricht hier das „Kleidergemisch". Die von C. Dilly im Bild festgehaltenen Ausschnitte aus dem Leben ländlicher Oberschichten sind nur „Momentaufnahmen" aus dem weiten Spektrum der Alltagskultur. Es ist daher auch immer nach dem zu fragen, was aus guten Gründen vom Chronisten Dilly nicht ins Bild gesetzt wurde: Die in den Scherenschnitten dargestellten Personen kleideten sich zum Anlaß der „Bildreportage" in Sonntagskleidung, wie sie im häuslichen Bereich üblicherweise getragen wurde. Diese Sonntagskleidung

Abb. 57: Stubentüren zwischen denen ein kannelierter Pilaster mit Vasenbekrönung steht. Originalbefund der Stube Taf. VI

konnte z. B. für den Kirchgang noch komplettiert werden durch Hut, Umhang oder Mantel, Schirm u. a. m. Dieses „Beiwerk" konnte C. Dilly in seinen Genrebildern der sonntäglich häuslichen Sphäre fehlen lassen.

Auch hinsichtlich der auf den Dilly-Stubenbildern dargestellten Möblierung lassen sich aus dem Fehlen der verschiedenen Details Rückschlüsse ziehen. Aus Archivalien ist z.B. bekannt, daß die Artländer Tischler um 1820 als neuen Möbeltyp in großer Zahl u.a. Sofas anfertigten.[86] Hierfür ist aber in den Dilly-Bildern kein Beleg zu finden; das Fehlen des Sofas entspricht dem archivalischen Befund, daß die Artländer Tischlereien erst ab 1840 Sofamöbel an die bäuerlichen Schichten verkaufen konnten.[87]

Da die Scherenschnitte des C. Dilly die Qualität historischer Bilddokumente haben, werden sie auch in Zukunft durch den Kulturhistoriker nach Inhalt und Gehalt befragt werden können. Sie spiegeln in vielfacher Hinsicht Zeitströmungen in der Region wider und sind dadurch für den Historiker wichtige Zeitdokumente. Wie bereits dargelegt, hat die Oberschicht der ländlichen Bevölkerung des Osnabrücker Artlandes, des Oldenburger Münsterlandes sowie Oldenburger Ammerlandes in der Zeit zwischen 1815 und 1825 sozusagen „in toto" den jeweiligen Modetrend, von der englisch geprägten Aufklärungsmode zum französisch orientierten Empirestil akzeptiert und adaptiert.

Die französische Kleidermode war auch nach den Befreiungskriegen für vermögende Bürger und Bauern in den genannten Regionen Nordwestniedersachsens vorbildhaft.

Hier stellt sich nun die Frage, ob dieses Kleidungsverhalten Ausdruck eines öffentlich bekundeten Zeitgeistes oder nur gedankenlose Adaption eines neuen Modetrends darstellt. Die Behauptung, daß der „größere Teil der Bevölkerung, vor allem Bauern, Handwerker, Seeleute, Fischer, Wald- und Bergarbeiter, dörfliche Kaufleute u.a. den Parolen „Freiheit" und „Gleichheit" verständnislos gegenüberstanden"[88] ist ohne historische Belege nicht haltbar. Dagegen spricht eine Vielzahl von Sachzeugen und schriftlichen Quellen, die sich auch heute noch im Privatbesitz bei Bürgern und Bauern ausfindig machen lassen. Es scheint vielmehr die umgekehrte These angebracht zu sein, daß wie keine voraufgegangene politisch-geistige Umwälzung – abgesehen von der der Reformation – die Französische Revolution und ihre Folgen alle Gemüter in Stadt und Land zutiefst bewegt haben: Wie anders ist es zu erklären, daß auf den Höfen der Bauer dieser Zeit viele Bücher über Frankreich, seine Politik, sein neues Recht und seine neue Freiheit gekauft hat, wenn es ihn nicht persönlich betroffen hätte?[89] Warum hat er zu Anfang der Napoleonischen Ära (bis 1811) Wandbilder des Kaisers Napoleon in Stube und Kammer aufgehängt, wenn er ihn und seine Regierung als „Fremdherrschaft" empfunden bzw. unreflektiert nur als neue Herrschaft akzeptiert hätte?[90] Warum lernte er unter Anleitung eines Tanzmeisters die neuen Tänze des französischen Contre-Tanzes, wenn er in Frankreich kein Vorbild gesehen hätte?[91]

Über diesen Abschnitt gravierender politischer und geistiger Änderungen gilt es differenziert zu urteilen – wie es zwischenzeitlich in der Geschichtswissenschaft geschieht[92] – und nach neuen Interpretationsmaterialien Ausschau zu halten. Für die historische Regionalforschung ist auch die ländliche Bevölkerung nicht mehr nur Objekt, sondern auch Subjekt der Geschichte. Mit seinen Scherenschnitten hat uns Caspar Dilly gerade aus dieser nachrevolutionären Epoche für das nordwestliche Niedersachsen „bei Licht besehen" wertvolle Quellen hinterlassen. Dafür gebührt dem „Mahler und Silhouetteur" Caspar Dilly Dank und Anerkennung.

Anmerkungen

1 Der Gründer des Museumsdorfes Cloppenburg, Dr. Heinrich Ottenjann, ließ bereits in den 30er Jahren einige dieser von ihm entdeckten Silhouetten nachschneiden und nutzte sie, um nach diesen Vorbildern die Stuben des im Freilichtmuseum wiedererstellten Quatmannshofes ausmalen zu lassen. Publikationen mit Dilly-Bildern: Chr. Pieske, Schattenrisse, 1963, Abb. 12; G. Schmitz, Alte Trachten, 1969; Helmut Ottenjann (Hrsg.), Materialien zur Volkskultur, Heft 1, Abb. 42–45

2 Ch. Pieske, Silhouetten, 1963, S. 168f.

3 Ch. Pieske, Schattenrisse, 1963, S. 5ff.
M. Bernhard, Schattenrisse, 1977, S. 8ff.

4 M. Bernhard, Schattenrisse, 1977, S. 82ff.

5 Ch. Pieske, Schattenrisse, 1963, S. 9

6 Ch. Pieske, Silhouetten, 1963

7 Ch. Pieske, Schattenrisse, 1963, S. 12f. und weitere Literatur.

8 Ch. Pieske, Schattenrisse, 1963, S. 7

9 Ch. Pieske, Schattenrisse, 1963, S. 7

10 Ch. Pieske, Schattenrisse, 1963, S. 5ff.
M. Bernhard, Schattenrisse, 1977, S. 8f.

11 Ch. Pieske, Schattenrisse, 1963, S. 5f.

12 Ch. Pieske, Schattenrisse, 1963, S. 8f.

13 Ch. Pieske, Schattenrisse, 1963, S. 14f.

14 Ch. Pieske, Schattenrisse, 1963, S. 15

15 Ch. Pieske, Silhouetten, 1963, S. 176

16 Ch. Pieske, Silhouetten, 1963, S. 172

17 A. Kippenberg, Silhouette, 1921, S. 134f.

18 A. Kippenberg, Silhouette, 1921, S. 136f.

19 A. Kippenberg, Silhouette, 1921, S. 137ff.

20 A. Kippenberg, Silhouette, 1921, S. 144ff.

21 Ch. Pieske, Silhouetten, 1963, S. 176

22 Ch. Pieske, Silhouetten, 1963, S. 176

23 Ch. Pieske, Schattenrisse, 1963, S. 27ff.

24 Ch. Pieske, Schattenrisse, 1963, S. 43 u. 44

25 Ch. Pieske, Schattenrisse, 1963, S. 19, Abb. 13, Abb. 16, Abb. 17
Rast, Friedemann; 200 Jahre Steinbömer und Lubinus, Rauchtabakfabrik Norden, Norden, 1969, 2 Scherenschnitte

26 Für die Druckgenehmigung sei Herrn Museumsdirektor Dr. Otten, Celle, Bomann-Museum, besonders gedankt.

27 Ch. Pieske, Silhouetten, 1963, S. 176

28 Schepers, Josef; Haus und Hof westfälischer Bauern, Münster 1977

29 Jaspers/Ottenjann; Ammerland, Materialien zur Volkskultur, Heft 4/5
Gläntzer, Volker; Giebel, 1981

30 Gläntzer, V.; Giebel, 1981

31 Ottenjann (Hrsg.), Materialien zur Volkskultur, Heft 1

32 Dettmer, H.; Artland, Materialien zur Volkskultur, Heft 6/7
Jaspers/Ottenjann; Ammerland, Materialien zur Volkskultur, Heft 4/5

33 Jaspers/Ottenjann; Ammerland, Materialien zur Volkskultur, Heft 4/5, S. 90ff.

33a Jaspers/Ottenjann, Ammerland, Materialien zur Volkskultur, Heft 4/5, S. 145ff.

34 Ottenjann, Regionale Kulturraumforschung mit „Materialien“ der Volkskunde, Vechta 1984

35 Ottenjann/Wiegelmann, Tagebücher, 1982

36 Peßler, W.; Trachtenbuch, Hannover 1922

37 Gemeinsame Forschungsvorhaben des Seminars für Volkskunde der Universität Göttingen und des Niedersächsischen Freilichtmuseums Cloppenburg vom 27. 1. 1984: „Kleidungs- und Trachtenforschung in Niedersachsen“

38 Ottenjann/Wiegelmann, Tagebücher, 1982

39 Bringemeier, M.; Modejournalist, 1980, S. 7 u. 69f.
Bringemeier, M.; Mode und Tracht, 1980

40 Hain, M.; Volkstracht, 1962
Köhnenkamp, W.-D.; Vierlanden, 1978
Böth, G.; Kleidungsverhalten, 1980
Fehlig, U.; Kostümkunde, 1978
Burchardt-Seebass; Embleme, 1981

41 König, R./Schupiser, P.; Mode, 1958, S. 173f.

42 Beitl, R. u. K.; Wörterbuch der deutschen Volkskunde, Stuttgart 1974, Stichwort „Tracht“

43 Eisenbart, L.; Kleiderordnungen, 1962

44 Deneke, B.; Germanisches Nationalmuseum, 1979, S. 7f.

45 Eisenbart, L.; Kleiderordnungen, 1962, S. 10 u. 50

46 Eisenbart, L.; Kleiderordnungen, 1962, S. 14
Hannoversches Magazin vom Jahre 1818, Hannover 1819, H. Blumenbach, Eine Kleiderverordnung, nicht aus dem 15ten, nicht aus dem 16ten, sondern von 1818, S. 1187

47 Ottenjann (Hrsg.); Materialien zur Volkskultur, Heft 1, S. 53f.

48 Heinemeyer/Ottenjann, Möbel, 1978, S. 37ff.

49 Kaufhold, Karl-Heinrich; Wandlungen in den Stadt-Land-Beziehungen des Handwerks und des Heimgewerbes in Deutschland 1750–1850, in: Stadt-Land-Beziehungen, Deutscher Volkskundekongreß, Hamburg 1973, Göttingen 1975, S. 175

50 Kohlmann, Theodor; Zur Geschichte des Handwerks im Oldenburger Münsterland, in: Jahrbuch für das Oldenburger Münsterland, Vechta 1969, S. 40ff.
51 Ottenjann/Wiegelmann; Tagebücher, 1982
52 Hartong, Heinrich; Mönkediek, Karl; Dinklage 1231–1981, Dinklage 1981, S. 40
53 Ottenjann (Hrsg.), Materialien zur Volkskultur, Heft 1
53a Braubach/Classer/Schulte; Der Raum Westfalen, Bd. II, Untersuchungen zu seiner Geschichte und Kultur, Berlin 1934
Penners, Theodor; Die historisch-politischen Grundlagen des Regierungsbezirks Osnabrück, in: Neues Archiv für Niedersachsen, Bd. 14, Heft 4, Göttingen 1965, S. 273ff.
54 Bringemeier, M.; Mode und Tracht, Münster 1980
55 Möser, Justus; Patriotische Phantasien, Bd. 1, S. 131
56 Bringemeier, M.; Mode und Tracht, Münster 1980, S. 125f.
57 Nienholdt, E.; Kostümkunde, Braunschweig 1961, S. 97f.
58 Nienholdt, E.; Kostümkunde, Braunschweig 1961, S. 99f.
59 Nienholdt, E.; Kostümkunde, Braunschweig 1961, S. 108f.
60 Möser, Justus; Patriotische Phantasien, Bd. 1, S. 131
61 Codese Constitut. Osnabr., Bd. I, Teil 2, LXVI
62 Brandes, G.; Vom Scheeßler Trachtenfest, in: Zeitschrift Niedersachsen, 10. Jahrg. Nr. 1, 1904
63 Hardebeck, W.; Artländer Trachtenfest, Quakenbrück 1905, S. 49ff.
64 Boehn, Max von; Die Mode, Menschen und Moden im 19. Jahrhundert, München 1964, Bd. VI, S. 56 u. 57
65 Hardebeck, W.; Artländer Trachtenfest, Quakenbrück 1905, S. 56
66 Klein, R.; Lexikon der Mode, Baden-Baden 1950, Stichwort „Dormeuse“ und „Baigneuse“
68 Der Menslager Kaufmann, der diese „Halbfertigware“ verkaufte, hat in seinem Archiv noch zahlreiche Passierscheine zum Braunschweiger Markt überliefert.
69 Original Halbfertigware vom Menslager Kaufmann, der sie in benachbarte Regionen verkaufte: Abb. 17, 19
70 Edikte 1732 („Daß keine ausländische Lacken oder Stammetten, welche nicht über einen Rthlr. per Ehlen ehrt, auch Bagen so innerhalb Landts verfertigt werden können fürtershin hereingebracht werden sollen.“); Edikt 1764, 24ten Maji (wegen Kleider-Tracht); Edikt 1764, 25ten Maji (wegen Lacken so unter 1 Rthr. per Ehle werth, sodann wegen Stammetten und Futter-Bagen); Edikt 1765, 6. September (in Betreff der Kleider-Ordnung); Edikt 1784, 3. May (Publicandum in Betreff der Trauer).
71 Niedersächsisches Staatsarchiv Oldenburg, Bestand 111–2, Nr. 46
71a Diese Silhouette von Josef König (Apotheker in Cloppenburg) und seinen fünf Söhnen soll von einem durchziehenden Franzosen der napoleonischen Zeit gefertigt worden sein: Ottenjann, Heinrich; Aus Cloppenburgs vergangenen Tagen, Die Geschichte einer alten Cloppenburger Familie, Cloppenburg 1928, S. 53
72 Heinemeyer, E., Kostümsammlung, 1973/75, S. 3
73 Heinemeyer, E.; Kostümsammlung, 1973/75, S. 10, Abb. 8
74 Winter, B.; Volkstracht, Bremen 1913, S. 335f.
75 Gilly, G. u.a.; Bernhard Winter, Oldenburg 1971, S. 19
76 Gilly, G. u.a.; Bernhard Winter, Oldenburg 1971, S. 19
77 Gilly, G. u.a.; Bernhard Winter, Oldenburg, 1971, Tafel III u. Abb. 27
78 Winter, B.; Volkstracht, Bremen 1913, S. 345
79 Heinemeyer, E.; Kostümsammlung, 1973, S. 10, Abb. 8
80 Buck, I.; Kleidung, 1978, S. 21
81 Buck, I.; Kleidung, 1978, S. 21
82 Virchow, R. u. Jahn, U.; Hausbuch des Unico Manninga (1529–1588), in: Emder Jahrbuch, 1893
83 Stracke, C.; Gold- und Silberschmiede in Ostfriesland
84 Fehlig, U.; Kostümkunde, Leipzig 1978, S. 135ff.
85 Dieses und weitere „Marktplatz-Bilder“ im Heimatmuseum Norden, dem wir vielmals danken für die Erlaubnis, diese Bilder veröffentlichen zu dürfen.
86 Ottenjann/Wiegelmann; Tagebücher, Münster 1982
87 Ottenjann/Wiegelmann; Tagebücher, Münster 1982
88 Bringemeier, M.; Modejournalist, Münster 1981, S. 69
89 Das Museumdorf Cloppenburg konnte in den letzten Jahren zahlreiche private bäuerliche und bürgerliche Archive sichten und auch historische „Buchbestände“ registrieren. Nachfolgend Buchtitel eines Bauernarchivs aus Essen i.O., die sich auf diese Zeit der Umwälzungen in irgendeiner Form beziehen:
Dabelow, Frankreichs gegenwärtige Lage, Verfassung und Verwaltung, mit einem Rückblick auf die vergangenen Zeiten als Einleitung, Leipzig 1810
Napoleons Gesetzbuch; Einzige officielle Ausgabe für das Königreich Westphalen, Straßburg 1808

Reinhard, Ph. Chr.; Neue Organisation des Religionswesens in Frankreich, Cöln (im Fructidor 10. Jahres der Republick)
Schaffer, J. F.; Französische Sprachlehre – nach einer neuen praktischen Methode bearbeitet für Lehrer und Lernende –, Hannover 1805
Breusing, Das französische Decimal-System in Maaßen und Gewicht, Osnabrück 1811
Bucher, W. E.; Die Grundsteuer nach Französischen und Westphälischen Gesetzen, nebst einem Protokoll über die Abschätzung des steuerbaren Einkommens einer Gemeinde, Magdeburg 1811
Willmann, B.; Kaisers Napoleon I. peinliches Gesetzbuch (oder Gesetzbuch von Verbrechen und Strafen), Köln 1810
Keil, A.; Handbuch für Maire und Adjuncten, für Polizey-Commissare, Gemeinde-Räthe, Steuer Empfänger und Vertheiler, Spital- und Armen-Verwalter, Pfarrer, Kirchen-Räthe und Kirchenmeister, Feld- und Forsthüter. Erster Theil, Cöln 1811
Keil, A.; Sammlung aller Gesetze, kaiserl. Decrete, Gutachten des Staats-Raths und Instructionen des Groß-Richters, Justiz-Ministers, welche Erklärungen über das Gesetzbuch Napoleons oder Vollziehungsmittel jener Artikel enthalten, die in ihrer Anwendung Schwierigkeiten dargebothen haben, Cöln 1810
Instruction aux Maires, sur la tenne des registres destinés, à constater l'Etat civil de leurs Communes (Instruction für die Maires, über die Art die Protocolle zu halten, welche dazu bestimmt sind, den Civilstand ihrer Gemeinde zu beurkunden.), Hamburg 1811
Instruction pour les Perscepteurs des Contributions directes. (Unterricht für die Einnehmer der directen Steuern), Hamburg 1811
Post, D.U.H. von; Handbuch für Conscribirte und deren Verwandte oder Auszug der sie betreffenden Gesetze, Dekrete, und Ministeriellen Weisungen über die Conspeription, Bremen 1811

90 Bilder dieser hier abgebildeten Art wurden durch das Museumsdorf Cloppenburg aus genannten Regionen mehrfach dokumentiert.

91 Braun, H.; Tänze und Gebrauchsmusik, Materialien zur Volkskultur, Heft 9, Cloppenburg 1984

92 Spies (Hrsg.), Napoleon, Darmstadt 1981
Berding/Ullmann, Revolution und Restauration, Düsseldorf 1981
Schubert, W.; Französisches Recht, Köln-Wien 1977

93 Pieske, Ch.; Luxuspapier, Berlin 1983

94 Im Osnabrücker Artland hat sich bis heute die Bezeichnung gehalten: „Dat Tweiuhrschöllken“ und man sagt: „Kumm' de in, un drink en Schöllken mit mi“ (laut freundlicher Auskunft von FR in Wulften).
Im „Niederdeutsch-Westphälischen Wörterbuch“ von J. G. Rosemann genannt Köntrup (1824), Hildesheim 1982, stehen die Stichwörter „CaffeTasse“ = die Schale, woraus getrunken wird, „Kaffeeschäulken“ = Kaffeetasse
Zum Genußmittel „Kaffee“: Wiegelmann, G. Der Wandel von Speisen, Wolfenbüttel 1982, S. 149ff.

95 Pieske, Ch., Schattenrisse, 1963, Abb. 112 und Kommentare, S. 43

96 Genealogische Daten zu diesem Bild verdanken wir außer Herrn Rehme und der Gemeinde Lastrup auch Herrn Eilert Tantzen – Kirchhatten, der auch das Buch verfaßte: „Lebensbilder der leitenden Forstbeamten Oldenburgs“

97 Ries, H.; Gemeinde Westerstede, 1973, S. 205f.

98 Buck, I.; Rauchen, Aurich 1976, S. 25

99 Daxelmüller, Ch.; Totenbilder, München 1983, S. 223

100 Reineking – von Bock, Gisela; Steinzeug, Kunstgewerbemuseum der Stadt Köln, Köln 1971, Kat.-Nr. 764ff.

Literatur

Althöfer, Heinz; Der Biedermeiergarten, ungedr. Dissertation München, 1956
Behrmann, Inge; Volkstümlicher Schmuck aus Norddeutschland, Ausstellungskatalog des Altonaer Museums, Hamburg 1979
Beitl, Klaus; Wörterbuch der deutschen Volkskunde, Stichwort „Tracht“, Stuttgart 1973
Berding, Helmut; Ullmann, Hans-Peter (Hrsg.); Deutschland zwischen Revolution und Restauration, Düsseldorf 1981
Bernhard, Marianne; Schattenrisse, München 1977
Böth, Gitta; Kleidungsverhalten in hessischen Trachtendörfern, in: Europäische Hochschulschriften, Reihe XIX, Frankfurt a. M. 1980
Borchers, Walter; Bäuerliche Kultur und Kunst des Osnabrücker Landes, Ausstellungskatalog, Städtisches Museum Osnabrück 1953
Borchers, Walter; Volkskunst in Westfalen, Bd IV, Münster 1970
Brandes, G.; Vom Scheeßler Trachtenfest, in: Zeitschrift Niedersachsen, 10. Jahrg., Oktober 1904
Braun, Hartmut; Tänze und Gebrauchsmusik in Musizierhandschriften des 18. und 19. Jahrhunderts aus dem Artland; in: Materialien zur Volkskultur · nordwestliches Niedersachsen, Heft 9, Cloppenburg 1984
Bringemeier, Martha; Mode und Tracht. Beiträge zur geistesgeschichtlichen und volkskundlichen Kleiderforschung, in: Beiträge zur Volkskultur in Nordwestdeutschland, Heft 15, Münster 1980
Bringemeier, Martha; Ein Modejournalist erlebt die Französische Revolution, Münster 1981
Buck, Ingrid; Essen, Trinken und Rauchen in Ostfriesland, in: Mitteilungen der Arbeitsgemeinschaft Volkskunde und Brauchtum der Ostfriesischen Landschaft, Sonderheft 1, 1976
Buck, Ingrid; Kleidung in Ostfriesland, Herstellung, Verwendung, Pflege, in: Mitteilungen der Arbeitsgemeinschaft Volkskunde und Brauchtum der Ostfriesischen Landschaft, Sonderheft 2, 1978
Büsing, Wolfgang; Das Geschlecht Hemken von Bockhorn, in: Oldenburgische Familienkunde, Heft 4, Dez. 1971
Burchhardt-Seebass, Christine; Trachten als Embleme, Materialien zum Umgang mit Zeichen, in: Zeitschrift für Volkskunde, 77. Jahrgang, 1981, S. 209 ff.
Crome, Johanna; Das Trachtenfest zu Hitzacker, in: Zeitschrift Niedersachsen, 12. Jahrg., Juli 1907
Daxelmüller, Christoph; Quellenkritische Anmerkungen zur Trachtenforschung am Beispiel Franken, in: Bayerische Blätter für Volkskunde, Jg. 8, Würzburg 1981, S. 226 ff.
Daxelmüller, Christoph; Totenbilder aus Dänemark und Südschweden, in: „Volkskunst“, Heft 4, München 1983, S. 223 ff.
Deneke, Bernward; Beiträge zur Geschichte nationaler Tendenzen in der Mode von 1770–1815, in: Schriften des Historischen Museums Frankfurt a. M., XII, 1966, S. 211 ff.
Deneke, Bernward; Volkskunst, Führer durch die volkskundlichen Sammlungen, Germanisches Nationalmuseum, Nürnberg 1979
Deneke, Bernward; Volkstümlicher Schmuck aus Nordwestdeutschland, mit einem Beitrag zur Geschichte der Gold- und Silberschmiede Byl/Leer von Hermann Kaiser, Cloppenburg 1979
Dettmer, Hermann; Volkstümliche Möbel aus dem Artland, in: Materialien zur Volkskultur · nordwestliches Niedersachsen, Heft 6 u. 7, Cloppenburg 1982
Eisenbart, Liselotte Constanze; Kleiderordnungen der deutschen Städte zwischen 1350 und 1700, in: Göttinger Bausteine zur Geschichtswissenschaft, Bd. 32, Göttingen 1962
Evers, Hermann; Die Silhouette, Ein Dokument vergangener Zeiten, in: Der Oldenburgische Hauskalender 1973, S. 33 ff.
Fehlig, Ursula; Kostümkunde, Mode im Wandel der Zeiten, Leipzig 1978
Geismeier, Willi; Biedermeier, Kunst und Kultur, Wiesbaden, Leipzig 1979
Gilly, G.; Heinemeyer, E; Keiser, H. W.; Riedel, K. V.; Schmidt, H.; Bernhard Winter, 1871–1964, Oldenburg 1971
Gläntzer, Volker; Der Giebel am Artländer Bauernhaus, in: „Volkskunst“, Heft 4, München 1981, S. 223 ff.
Hain, Mathilde; Die Volkstracht, in: Deutsche Philologie i.A., 3. Bd., 1962, S. 2286 ff.
Hansen, Wilhelm; Aufgaben der historischen Kleidungsforschung, in: Geschichte der Alltagskultur, Hrsg. G. Wiegelmann, Münster 1980, S. 149 ff.
Hardebeck, W.; Führer für das „Artländer Trachtenfest“ zu Badbergen am Sonntag, den 20. und Montag, den 21. August 1905, Quakenbrück 1905
Heinemeyer, Elfriede; Aus der Kostümsammlung des Landesmuseums in: Berichte der Oldenburgischen Museumsgesellschaft, Oldenburg 1973/75, S. 3 ff.
Heinemeyer, Elfriede u. Ottenjann, Helmut; Alte Bauernmöbel, volkstümliche Möbel aus dem nordwestlichen Niedersachsen, 2. Auflage, Leer 1978

Jostes, Franz; WestfälischesTrachtenbuch, Volksleben und Volkskultur in Westfalen, 2. Auflage und erweitert von Martha Bringemeier, Münster 1961
Jaspers, F. W. u. Ottenjann, H.; Volkstümliche Möbel aus dem Ammerland, in: Materialien zur Volkskultur · nordwestliches Niedersachsen, Heft 4 u. 5, Cloppenburg 1983
Kippenberg, Anton; Die Technik der Silhouette, in: Jahrbuch der Sammlung Kippenberg, 1. Bd., Leipzig 1921
Klein, Ruth; Lexikon der Mode, Baden-Baden 1950
Klever, Ulrich; Spazierstöcke, Zierde, Werkzeuge und Symbol, München 1984
Köhnenkamp, Wolf-Dieter; Wirtschaft, Gesellschaft und Kleidungsstil in den Vierlanden während des 18. und 19. Jahrhunderts. Zur Situation einer Tracht, Göttingen 1978
König, René u. Schupiser, Peter W.; Die Mode in der menschlichen Gesellschaft, Zürich 1958
Krüger, Renate; Biedermeier, Eine Lebenshaltung zwischen 1815 und 1848, Wien 1979
Lüpkes, W.; Ostfriesische Volkskunde, Emden 1907
Metken, Sigrid; Geschnittenes Papier, München 1978
Nienholdt, Eva; Die deutsche Tracht im Wandel der Jahrhunderte, Berlin – Leipzig 1938
Nienholdt, Eva; Kostümkunde, in: Bibliothek für Kunst- und Antiquitätenfreunde, Bd. XV, Kostümkunde, Braunschweig, 1961
Ottenjann, Helmut (Hrsg.); Zur Bau-, Wirtschafts- und Sozialstruktur des Artlandes im 18. und 19. Jahrhundert, in: Materialien zur Volkskultur · nordwestliches Niedersachsen, Heft 1, Cloppenburg 1979
Ottenjann, Helmut; Tracht und Tanz, in: Schaumburg-Lippische Heimat-Blätter, Heft 1, 1982, S 6ff.
Ottenjann, Helmut u. Wiegelmann, Günter; Alte Tagebücher und Anschreibebücher, Quellen zum Alltag der ländlichen Bevölkerung in Nordwesteuropa, in: Beiträge zur Volkskultur in Nordwestdeutschland, Heft 33, Münster 1982
Peßler, Wilhelm; Die Forst- und Jagdabteilung im Vaterländischen Museum der Stadt Hannover, in: Hannoversche Geschichtsblätter, 19. Jahrg., Hannover 1916
Peßler, Wilhelm; Niedersächsisches Trachtenbuch, Hannover 1922
Pieske, Christa; Schattenrisse und Silhouetteure, Darmstadt 1963
Pieske, Christa; Silhouetten im Kulturhistorischen Museum Stralsund, in: Greifswald-Stralsunder Jahrbuch, Bd. 3, 1963, S. 163ff.
Pieske, Christa; Das ABC des Luxuspapiers, Ausstellung, Verarbeitung und Gebrauch 1860–1930, Berlin 1983, in Schriften des Museums für Deutsche Volkskunde Berlin Bd. 9
Ries, Hermann; Chronik der Gemeinde Westerstede, Westerstede 1973
Rörig, Maria; Zur westfälischen Haubentracht des 19. Jahrhunderts, in: Westfalen, 1939, S. 178ff.
Schmitz, Gerda; Alte Trachten aus Niedersachsen und Westfalen, Ausstellungskatalog Museumsdorf Cloppenburg 1969
Schubert, Werner; Französisches Recht in Deutschland zu Beginn des 19. Jahrhunderts, Zivilrecht, Gerichtsverfahren und Zivilprozeßrecht, (Forschungen zur neueren Privatrechtsgeschichte, 24), Köln–Wien 1977
Spies, Hans-Bernd (Hrsg.); Die Erhebung gegen Napoleon 1806–1814/15, (Quellen zum politischen Denken der Deutschen im 19. u. 20. Jahrhundert. Freiherr von Stein-Gedächtnisausgabe, Bd. 2), Wissenschaftliche Buchgesellschaft, Darmstadt 1981, S. 472
Tantzen, Eilert; Lebensbilder der leitenden Forstbeamten Oldenburgs, in: Mitteilungen aus der Niedersächsischen Landesforstverwaltung,
Hannover 1962
Wiegelmann, Günter; Der Wandel von Speisen- und Tischkultur im 18. Jahrhundert, in: Wolfenbütteler Forschungen, Bd. 19, Wolfenbüttel 1982, S. 149ff.
Winter, Bernhard; Unsere alte Volkstracht, in: Heimatkunde des Herzogtums Oldenburg, Bremen 1913